实用主义与美国思想文化译丛

丛书主编　陈亚军

Foundations for a Metaphysics of Pure Process
Wilfrid Sellars

纯粹过程形而上学奠基

[美]威尔弗里德·塞拉斯　著
王　玮　译

复旦大学出版社

中国博士后科学基金资助项目（2019T120181）

作者介绍

威尔弗里德·斯托克·塞拉斯（Wilfrid Stalker Sellars, 1912—1989），美国哲学家，曾受教于密歇根大学、布法罗大学、牛津大学和哈佛大学哲学系，执教于爱荷华大学、明尼苏达大学、耶鲁大学和匹兹堡大学哲学系。他著述百余，内容涉猎广泛、视野宽阔、原创深刻、系统连贯、极富启发。著有《科学、感知与实在》《哲学视角》《科学与形而上学：康德主题变奏曲》《哲学与哲学史文集》《自然主义与存在论》《纯粹语用学与可能世界》《认识论的形而上学：威尔弗里德·塞拉斯的讲授》《康德与前康德主题：威尔弗里德·塞拉斯的讲授》《康德的先验形而上学：塞拉斯的卡西尔讲座及其他文集》《在理由的空间：威尔弗里德·塞拉斯文选》等。他的荣誉主要有洛克讲座、杜威讲座、卡卢斯讲座、卡西尔讲座等，尤其是伦敦大学讲座，以"经验主义与心灵哲学"为题出版，被公认为20世纪英美哲学经典。

译者介绍

王玮（1984— ），河北石家庄人，浙江大学哲学学院助理研究员。山西大学哲学学士（2003—2007），南京大学哲学硕士（2007—2010），南京大学图书馆馆员（2010—2011），南京大学哲学博士（2011—2016），美国印第安纳大学哲学系联合培养博士（2012—2013），南开大学哲学院博士后（2016—2019），复旦大学杜威中心兼职研究员（2018），浙江大学哲学学院博士后（2019—2022）。主要从事英美哲学研究，特别是塞拉斯哲学研究，已出版译著《经验主义与心灵哲学》（2017）、《自然主义与存在论》（2019）。

内容提要

本书内容是塞拉斯1977年度的卡卢斯讲座"纯粹过程形而上学奠基",以及罗德里克·弗斯、丹尼尔·丹尼特、罗伯特·J.弗格林对这期讲座作出的答复或评论。原文载于期刊《一元论者》第64卷第1期(1981年1月)。这期讲座共三讲。第一讲题为"阿基米德的杠杆",它从弗斯的观点出发批判了所予神话,指出所予的范畴身份不是在现象学上自显的,而是依靠理论建构,所予也不是经验知识的"支点",不能围绕它建立起基础主义形式的认识论。第二讲题为"自然主义与过程",其中通过分析事件表达式的语法否认了事件存在论,指出在存在对象的意义上不存在涉及对象的事件,也指出存在不涉及对象的过程,并由此通过批判和借鉴逻辑原子主义提出了绝对过程的存在论假说,据此对象和相关事件是绝对过程的模式。第三讲对问题"意识是物理的吗?"作出了肯定回答,其中首先区分了心身问题和感身问题,接着聚焦后者论述了感觉的理论建构及其与身体尤其是与中枢神经系统的关系,最后指出感觉与身体的关系可以由绝对过程来达成统一。弗斯就塞拉斯在证成融贯论方面对自己的批评为自己的观点作出了澄清和辩护,丹尼特解析和质疑了塞拉斯关于绝对过程的存在论构想,而弗格林从认识论的角度评论了塞拉斯有关感材的观点。

保罗·卡卢斯(Paul Carus),《一元论者》的首位主编,1852年7月18日生于哈尔茨的伊尔森贝格,1919年2月11日逝于伊利诺伊州的拉萨尔。1876年从图宾根大学得到哲学与古典语文学博士学位之后,他曾在德累斯顿的国家军事学院短暂执教。为了自由表达他的独立看法,他先是移居英格兰,后又移居美国。1887年,他接受爱德华·C.赫格勒(后来成为他的岳父)的邀请来主编《敞院杂志》,一个主要致力于比较宗教的月刊。1888年,《一元论者》以科学哲学季刊形式问世,保罗·卡卢斯担任两个期刊的主编以及敞院出版公司的主编,一直到他1919年逝世。

总 序

陈亚军

二十世纪七十年代以来,实用主义在西方思想学术界强劲复活,引起人们的广泛重视。它的影响正越过学院的围墙,深入到美国社会、文化的各个层面。实用主义和美国思想文化互为表里,形成了紧密的关联与互动,以至于要了解当今的美国思想文化之精髓,不能不了解实用主义;反过来,要理解实用主义,也不能不研究美国思想文化。

研究的第一要事是翻译。没有对研究对象的全面系统的翻译,深入的研究便是一句空话。说得更加极端一些,翻译本身就是研究的一部分。套用康德的话说:"没有翻译的研究是空洞的,没有研究的翻译是盲目的。"出于这一考虑,在主持"实用主义与美国思想文化研究"系列丛书的同时,我们也主持翻译了这套译丛。希望二者可以相互支撑,形成互补。

多年来,我国学术界对于实用主义尤其是古典实用主义经典的移译取得了令人瞩目的成就。新近《杜威全集》(38卷)中文版的问世,是这些成就最为醒目的标志。然而,我们也应该看到,相对而言,在实用主义的庞大家族中,我们对于皮尔士、罗伊斯、米德、席勒这些实用主义者的重视还远远不够,对于过渡期的实用主义者如刘易斯、莫里斯等人还缺少关注,对于新实用主义者的最近成果的追踪也不够及时,而对于相关的实用主义与美国思想文化的相互影响,更是难见一瞥。所有这些不足,都是本译丛立志要改变的。

本丛书的译者多是相关领域的专家学者、青年才俊。我们会尽自己的最大努力,为读者提供可靠的优秀翻译成果。但翻译从来就是一项艰苦的事业,由于能力水平的局限,出现错误是可以想见的,我们将努力减少错误,同时也衷心期待来自各位方家的批评指正。学术乃天下之公器,对此,学术共同体的每一个成员都责无旁贷。

最后,我要衷心感谢复旦大学出版社和复旦大学哲学学院,感谢你们对于本丛书的大力支持!

目 录

威尔弗里德·塞拉斯讲座
第Ⅰ讲　阿基米德的杠杆　　　　　　　　　　　　　　／001
第Ⅱ讲　自然主义与过程　　　　　　　　　　　　　　／033
第Ⅲ讲　意识是物理的吗？　　　　　　　　　　　　　／063

评注
答复塞拉斯　　　　　　　　　　　罗德里克·弗斯　／086
想知道黄去哪了　　　　　　　　　丹尼尔·丹尼特　／096
当我看一个番茄　有很多我看不到　罗伯特·J.弗格林　／103

I. 阿基米德的杠杆

I

1. 这里的杠杆当然是，如果可以找到一个合适的支点，阿基米德就可以靠它撬动世界。在我想到的类比中，支点是所予，心灵凭借它撬起知识的世界。

2. 我在很多地方很详细地论证过，就像古典理解的一样，这个支点和阿基米德意欲的幻象都不实存。

3. 在大约二十年前的讲座中，我探讨了我称为的所予"神话"所采取的各个形式。随着岁月的流逝，我对这件事当然有过再而三的思考。我表达的看法在我看来非常核心，它们要是失败结果就会一团糟。很幸运，至少令我安心的是，这些事后的思考始终是原主题的变奏曲。

4. 不过，我越来越意识到第一次陈述的论证不是没有缺点。相关的区分要么根本没有做出，要么做得不好。一些表述至少是引入误解的，总之，所予概念的范围是不明确的。

5. 不管怎样，我打算在这开场一讲中重述和辩护我的所予观的一些典型特征。

6. 换言之，我将关注近来知识论中基础主义争论的一些核心问题。我的最终目的是比我以往更清楚地表述认识论者试图用（一方面）所予概念和（另一方面）融贯概念来抓住的两个维度在经验知识中复杂的相互作用。

7. 我将从罗德里克·弗斯的重要论文《融贯性、确定性与认识在先性》的文本出发。① 它非常清楚明确地提出了我想论述的问题,并采取了一个特别明智的立场,从而要不赞同它就只能将它置于一个重新定位它包含的真理的更大语境。虽然我之前已经论述过它,但是我的处理洞见不够。我困惑本不该让我感到困惑的,总之,没能好好利用一次绝佳的机会。我将试着作出修改。

8. 弗斯注重探讨在强调"所予"的认识论理论和强调"融贯"的认识论理论之间的差异。他首先指出,在认识论语境中,"融贯论"或者关于真,或者关于概念,或者关于证成,或者是这些的某种融合。

9. 他关注的核心是证成融贯论。不过,他确实中途简要评论了他称为的"概念融贯论"。他指出,②后者"乍一看可能会看起来""不兼容刘易斯对关于物理对象的陈述的'感官意指'的分析",甚至不兼容"洛克和很多其他哲学家更温和的看法,即一些物质对象谓词(例如'红的')可以用我们用来描述感官经验的更简单谓词(例如'看上去是红的')分析"。

10. 根据弗斯所说,这些哲学家在"假定'看上去是红的'(looks red)先于'是红的'(is red),即在我们习得概念'是红的'之前得到概念'看上去是红的'至少在逻辑上是可能的"。他评论道:

> ……如果概念融贯论是正确的,除非我们拥有对比概念"是红的",否则我们不能完全理解"看上去是红的",那么,在我们得到概念"是红的"之前得到概念"看上去是红的"似乎就并非在逻辑上是可能的。(第547页)

11. 弗斯将这个条件句的后件称为"悖论",并写道,它"甚至可能会

---

① 《哲学杂志》,61(1964)。
② 同上,第546页。

使我们想知道……'看上去是'与'是'在概念上的相互依靠是否足以动摇刘易斯的基本假定，即我们可以作'表达判断'〔例如'我似乎看到一个门把手'或'之于我看上去好像我正看到（I were seeing）红的什么'〕不同时断定'客观实在'的什么"。他指出：

> 根据刘易斯，就是这些表达判断使我们能够逃脱证成融贯论；而如果要是这些判断全都对物理对象作出某种内隐指称，那么——根据这种"内隐指称"——或许就不再可能做出刘易斯要求的认识论区分。（第547页）

12. 然而，弗斯认为，上述"悖论""容易解决，如果我们不混淆概念和用来表达它们的语词的话"。他论证道，儿童得到"概念'看上去是红的'的原始形式"，当儿童"称"物"红的"，或者在学习成人语汇的过程中将语词"红的""运用"于物时，他在表达的就是这个原始概念。这个原始概念不对比概念"是红的"，因为到现在为止儿童未作这样的区分。

> 〔他告诉我们〕这是一个发生学事实，却是一个有哲学蕴涵的事实：当儿童开始稍微稳定地使用语词"红的"时，他将其运用于之于他看上去是红的的物，不管这些物是（我们会说）"真的红的"，还是只不过异常观察条件使它们显象为红的。（第547页）

13. 后来，儿童习得一个新的"看上去是红的"的概念，它确实对比"是红的"。不过，我们不要假定他一习得就失去旧的或（我称之为）"看上去是红的"的原初概念（ur-concept）。虽然表达式"看上去是红的"的确代表这新的概念，但是我们可以用这个表达式"施洗"曾可（且仍可）被这原初概念概念化的"感官经验"。

14. 在他之前的状态中，儿童"稳定地辨认出之于他看上去是红的的物",但遵守这条"语义规则",即当什么之于他看上去是红的时说"红的"。现在,他辨认出相同的情况,却能和我们一起使用牵涉在"它看上去是红的"和"它是红的"之间以及在"我看到一个红的对象"和"我似乎看到一个红的对象"之间差异的语言来指称它们。

[他继续说]如果我们不混淆施洗规则和语义规则(例如儿童,他在什么之于他看上去是红的时说"红的",遵守的语义规则),那么概念融贯论不会看起来不兼容刘易斯关于意指和知识的理论。(第547页)

15. 现在,如果我们要弄清楚究竟是怎么回事,那么这些简要的弗斯式评论需要一些解析。因此我将试着同情地加以解释。

16. 首先,当儿童"称"什么红的或将语词"红的""运用"于什么,他究竟设想什么是这样?有一点似乎是清楚的。儿童得到一个经验,在概念回应它。

17. 这样的"感官经验"发生的情况,成人会将其描述为一个对象之于某人看上去是红的。成人语言表达的概念区分了对象真的是红的的情况和它只不过看上去是红的的情况,也区分了正常和异常情境。

18. 成人用这种语言描述儿童的感知状态。比如,当他们说,

O 之于朱尼尔看上去是红的

或

朱尼尔得到一个什么之于他看上去是红的的经验(Junior has a *something-looks-red-to-him* experience)

他们在用表达朱尼尔没有得到的概念(例如牵涉上述区分的看上去是红的的概念)的短语"施洗"朱尼尔的经验。朱尼尔还未用这些词项概念化他自己的经验。但他确实利用一些相关系的(即使是更原始的)概念。

19. 哪些?因为弗斯的评论简短,不容易确定他究竟想到什么。不

过,给他确实说的话补充他在别处不得不说的话,并且考虑到他在试着得到的立场,我相信他会作类似下述断言:

儿童得到一个关于红的经验的原初概念。

儿童得到一个对象引起一个关于红的经验的原初概念。

20. 注意,这个断言将两个原初概念归于儿童。其中后者可以看似相当合理地刻画为一个对象看上去是红的的原初概念,如果我们认为成人得到且成人用短语"看上去是红的"表达的概念是这个概念的话:引起一个关于红的经验,在或者正常或者异常的情境中。

21. 因为儿童会得到着重短语第一部分表达的概念,从而只需要给这个概念补充正常和异常情境之间的概念区分就产生完全成熟的成人概念。

22. 现在,要得到上述第一个原初概念,即一个关于红的经验(an experience of red)的原初概念,明显要求得到一个红的概念。而且,要得到一个关于红的经验的概念,明显要求得到一个经验的概念。遗憾的是,语词"经验"众人皆知在触及我们问题实质的方面是含糊的。所有格短语"关于红的"(of red)也同样如此。不过,我将不中途去搜集研究这些含糊之处带来的替选。相反,我将直接到我相信弗斯想到的。比如,我相信我们要认为儿童将红设想为一个经验的特征。儿童的一个红面域(an expanse of red)①的原初概念是一个红的经验(a red experience)的原初概念。②

23. 采取这个立场就是如下充实儿童的原始概念设备:

儿童得到一个红的经验的原初概念。

儿童得到一个对象引起一个红的经验(即一个对象看上去是红的)的原初概念。

---

① 此处或许是错印,根据上下文应改为"一个关于红的经验"(an experience of red)。——译者注

② 或(我们也许应该说)红地经验(experiencing redly)的原初概念。

24. 由于得到这些概念,儿童(用弗斯的短语来讲)"遵守这条语义规则",即当他相信一个对象引起他红的经验时说"红的"。

25. 注意,儿童的一个对象看上去是红的的原初概念也可以当作一个对象是红的的原初概念——即,如果我们认为成人的是红的的概念是这个概念:

每当在标准条件下看时会引起一个关于红的经验。

就像在之前的情况中一样,当儿童习得正常和异常情境之间的概念区分,儿童的原初概念就发展成为这个成人概念。

26. 尤其要注意,儿童的[一个对象是红的的]原初概念,即一个对象引起一个关于红的经验的原初概念,与上述成人的是红的的概念不同,不会含有预言成分。

27. 但如果朱尼尔的情境适当稳定,那么他会相信(换换我们的例子)如果一个对象现在引起一个关于白的经验,那么它会继续如此。因此,我们可以想象儿童生成一个更丰富的一个对象是白的的原初概念,即这个概念:

每当看时会引起一个关于白的经验。

28. 这个概念会含有一个预言成分,而且,如果在看时白的对象继续给朱尼尔带来关于白的经验,或者,在它们未能如此时,他能将他设想为的颜色变化(例如从是白的变成是红的)关联"内在"物理变化,比如红色涂料覆盖或(就像在苹果的情况中一样)成熟,那么这个概念会是一个有益的概念。对象会以可理解的方式改变它们的颜色。一个有问题的情况就被解决了。

29. 然而,假定不是这个舒适情境,反而是朱尼尔暴露在被红、白、蓝等光相继随机照亮的白的对象面前。以起初的一个对象是某一颜色(即C)的原初概念,朱尼尔可以没有困惑地认为这对象现在是红的(引起一个关于红的经验)现在是白的(引起一个关于白的经验)等。

30. 但以第27段中定义的预言的一个对象是C的原初概念,这样一个暴露序列可能的确会产生困惑。如果儿童(由于注意到光照的变化)会相信光照的变化改变对象的颜色,那么这个困惑又可能会像第28段那样被解决。

31. 不用说,这个信念不会没有它自己的问题。但不管它们,我们来把注意力转向一个全然不同的困惑来源。假定朱尼尔已经"遵守这条语义规则",即当他相信一个对象在给他带来一个C经验时说"C"。当光照从白变红,他现在说"红的",如果成人说"不!不是红的,它仍是白的",那么他肯定会困惑。儿童就不知道说什么好了。

32. 成人建议"它只不过看上去是红的;它仍是白的"。显然,要习得这个新的谈论方式,朱尼尔得像以前一样学会光照变化的相关性。在之前的情况中,我们假定朱尼尔会解决他的困惑,因为会独自地认为光照的变化引起对象颜色的变化。不过,在现在的情况中,成人阻断了这条路。

33. 鉴于他拥有的概念,他会去相信这对象的什么,会符合他的长辈不得不说的话?他相信这对象在给他带来(比如)一个红的经验。他还相信,如果这对象要是白的,那么它会给他带来一个关于白的经验。就是后一信念得想办法修改。

34. 但当然,我们可能会倾向于说,朱尼尔有资源也有机会来如下这样生成成人的概念"看上去是C"、"(真的)是C"和"只不过看上去是C":

O给我带来一个C经验。(O看上去是C。)

如果在白光下看,那么O会给我带来一个C经验。(O真的是C。)

O给我带来一个C经验,但如果在白光下看,那么会给我带来一个别的颜色的经验。(O只不过看上去是C。)

35. 对此,我们可能会补充说,如果朱尼尔的的确确生成这些概念,那么他当然有可能掌握成人的颜色谈论。

36. 现在,我认为,类似前文对儿童概念园的描述潜藏于弗斯的断言：尽管短语"［对象］是红的"和"［对象］看上去是红的"形成对比的一对，其中每个成员的意指都依靠它与另一个的关系，但是存在一个原始的看上去是红的的概念，它不依靠概念是红的。

37. 注意，我在上上段暗示，弗斯在认为成人的对比概念是红的和看上去是红的好像它们是概念（真的）是红的和（只不过）看上去是红的，因为他显然认为成人也得到一个非对比的 O（在 t、之于 S）看上去是红的的概念，它和儿童的一个对象看上去是红的的原初概念实质上是相同的。后者，或更原始的概念，继续实存在更丰富的成人关于感知世界的概念环境中。毕竟，弗斯一直在尝试的是去解释我们怎么会忽视这个事实。

II

38. 记得，弗斯岔入儿童心理学的目的是要辩护这个想法，即我们拥有一个关乎关于红的经验的概念，它不依靠一个对象是红的的概念。因为，他承认，除非存在这样一个概念，否则刘易斯用现象经验来分析关乎可感知对象的概念的尝试不能顺利开始。

39. 对此，我想要论证，虽然的确存在一个关乎红的概念，它先于这对对比概念，但它是是红的的概念。它不是一个经验种类或一个经验方式的概念，而是作为一个经验对象①的什么的概念。

40. 而且，我想要论证，有一个合法意义，在这个意义上，这个是红的的概念"先"于一个物理对象是红的的概念，不是非物理对象的什么是红的的概念。

41. 但在我着手这项事业之前，我来提醒你们，关于儿童概念园的

---

① 那就是说，对象，在这词项的那个意义上，即在这个意义上经验（经验动作）和其对象之间有真实的区分，而不是在这个不及物的意义上，即在这个意义上舞蹈是跳舞的对象。

弗斯式描述依赖于这个想法,即儿童关乎红的原初概念是一个关于红的经验的原初概念,在这里这个关于红的经验被认为是这样一项:它是(a)一个经验,(b)红的。我们简要考虑了这个可能,即"经验"要在经验动作(*experiencing*)的意义上认为,从而得到一个红的经验就是以红的方式经验,即(用当前时髦的术语来讲)红地感觉(to sense redly)。

42. 但为什么要认为儿童对其感官经验的概念化具有形式

[主词][动词][动词修饰语]

而非形容词或(比如)分类述谓的形式?将"red"理解为一个副词明显是一个精深的理论动作——一个理性重构——从而,值得争论的是,如果日常语言含有类似起到"redly"作用的表达式,那么就是短语"of red",这个事实有力表明由"red"表达的词根概念不具有副词的形式。

43. 因此,这个想法,即我们的红的原初概念是一个经验方式的原初概念,让我觉得似乎极其不合理。要解释这个事实,即哲学家们说服了自己这个想法,我只能通过归于他们以下思路:

当儿童得到一个经验,通过说"O之于朱尼尔看上去是红的"来施洗它是有益的,真实发生的是 O 在致使朱尼尔红地感觉。朱尼尔直接觉知这个红地感觉。因此,他觉知它为一个红地感觉。

44. 这条思路牵涉这条原则

如果一个人直接觉知具有范畴身份 C 的一项,那么这人觉知它为具有范畴身份 C。

这条原则或许是我严厉批判的"所予神话"的最基本形式。

45. 如果我们拒绝它，那么我们开放了这个可能性：即使这些哲学家正确地认为儿童直接觉知到的（从一个理想的感知意识理论的立场看）是一个红地感觉的状态，然而儿童却生成一个具有截然不同语法的概念。拒绝所予神话就是拒绝这个想法，即世界的范畴结构——如果它具有一个范畴结构的话——将它自己强加于心灵，就像一个印章将一个图像强压于融化了的蜡上一样。

46. 因此，我将论证，通过假定我们的关乎红的基本概念会具有聚合词项的形式，即谓述概念是红的具有形式是一个红面域（*is an expanse of red*），可以拯救现象。

47. 鉴于颜色语词的系统的语法含糊性，尤其得指出，为了明确在短语"一个红面域"中的词项"红"的范畴身份，前者应该重述为"一个红料面域"（an expanse of red *stuff*），在这里"物料"（stuff）带有关于确定份额的物料在物理世界中的因果角色的蕴涵。

48. 如果我们继续片刻将概念在先性的断言翻译成发生心理学的语言，那么我们可以说，儿童的红的原初概念本身不是一个经验动作种类的概念。不过，如果儿童还得到经验动作或（我们会说）觉知的概念，那么儿童可以将一个红面域设想为被经验到，或者（达到问题的核心）为一个觉知对象。

49. 我来赶紧补充一个关键点（其全部意谓随后会出现），即我想到的觉知要理解为觉知一个红面域为一个红面域。换言之，在一个要探讨的意义上，它要理解为一个认知觉知。如果我们认为儿童的这样一个觉知的概念是看到一个红面域的原初概念，那么我们会将看到的概念理解为自始认知的。

50. 如果我们使用这些资源来就儿童的概念设备建构一个描述，它并行我归给弗斯的描述，那么我们会得到类似下述：

朱尼尔得到一个红面域的原初概念。

朱尼尔得到看到一个红面域的原初概念。

朱尼尔得到一个对象引起他看到一个红面域的原初概念。

当朱尼尔相信一个对象引起他看到一个红面域时,他称这对象"红的"。

51. 但(更确切地说)当儿童称这对象"红的"时,他在相信它的什么?根据弗斯式描述,儿童得到一个对象的概念,并相信这对象引起一个红的经验。这经验本身(很可能)不是一个认知状态。它仅仅是这感知者的一个状态,在红的基本意义上是红的。

52. 根据我们的替选进路,我们可能会忍不住说,儿童相信这对象引起一个红面域实存。不过,这会蕴涵朱尼尔认为这红面域是一项,这对象是另一项。但我们似乎没有在我们的感知经验中发现这样一个信念的蛛丝马迹;尽管我们确实在关于感知的理论描述中发现这样的信念。

53. 相反,我建议我们认为朱尼尔相信这对象引起他关于这红面域的经验,即引起他看到这个面域是一个红面域。

54. 不过,如果朱尼尔不认为这红面域是一项,这物理对象是另一项,那么他怎么设想它们的关系?为什么不硬着头皮说,就朱尼尔而言,这红面域就是这对象。

55. 当然,这就当前情况来看是不行的,因为可能会认为它蕴涵一个红面域的原初概念等同一个红的对象的原初概念。但除非"对象"正在"实体"(entity)或"什么"(something)的弱势意义上使用,否则不会是这样。

56. 因此,如果我们假定儿童的一个对象的概念是一个物理对象的原初概念,那么我们反而该说这红面域在儿童看来是这对象,因为他认为它具有使之变为个体并将其归于某个物类的特性。

57. 如果记得在这个语境中"红"等值"红料",那么就会看到这里的关键是在纯粹一份质料和一个质料个体实有之间的亚里士多德式区分。在儿童关于世界的原理论中,颜料体域,由于以具体方式与其他对象相互作用并通过这样冲击他使得它们引起他看到了它们这个事实,而是对象。

58. 因此，如果起初朱尼尔只暴露在半透明对象面前，那么我们可以设想他经历一个阶段，其间他用某个像一个粉红方块（它具有某些因果特性，其中包括引起他看到它的经验）之类的概念回应他觉知到的份额颜料，例如粉红方块。

59. 当然，当朱尼尔的经验后来拓宽，他遇到不透明对象，他能够区分他看到的对象和他看到这对象的什么。我们每次都看到一个不透明对象它的向面表面，但没看到它的里面或它的其他面。

60. 因此，一个对象是红的的原初概念会是一个对象是一个红料体域的原初概念，而一个对象在形容词意义上（在这个意义上我们认为一个苹果是红的，尽管里面是白的）是红的的概念会是一个更复杂的观念。不同颜色的面域可以是同一个对象的构成。

61. 鉴于这些资源，弗斯式描述的替选可能会如下充实：

（1）朱尼尔得到红料体域和面域的原初概念。

（2）朱尼尔得到看到一个红料体域的原初概念。

（3）朱尼尔得到作为一个变为个体的颜料体域（它天赋某些因果特性）的一个物理对象的原初概念。

（4）朱尼尔得到将一个红料体域或面域不但看作一个红体域或面域而且看作一个物理对象的构成的原初概念。

（5）朱尼尔得到看到一个物理对象的一个红体域或面域（它是其构成之一）是怎么一回事的原初概念。如果这构成是一个不透明对象（例如一个苹果）的表面，那么它是这苹果的真红。

（6）朱尼尔得到看到一个对象的真红是怎么一回事的原初概念。

62. 注意，上述红的原初概念先于一个物理对象是红的的概念，不是在物理对象的红用不是一个物理对象的什么的原初红（ur-redness）定义的意义上，而是在一个红的物理对象的概念仅仅是一个变为个体的红料体域（它以属物料的方式表现；确切地说，以一个确定物类具有的方式表现）的概念的意义上。

Ⅲ

63. 这个对原初概念的替选描述对理解我们一开始的问题有什么帮助？记得，弗斯岔入儿童心理学是要解释（一些）哲学家怎么会——通过假定对比表达式"是红的"和"看上去是红的"在语言层级实存，从而成人语言使用者拥有相应的对比概念，衍推我们关乎红的概念实质上是对比的，从而不存在不依靠概念是红的的看上去是红的的概念——误解了感知意识现象学。

64. 现在，我将上一节末尾列出的概念称为原初概念，因为它们（和弗斯式替选的原初概念一样）被认为"先于"（即在概念上更基本）在物理对象（只不过）看上去是红的和物理对象（真的）是红的之间的对比。

65. 然而，注意，弗斯式描述用红的原初概念阐明这个对比，其中经验而非物理对象是红的，而我简述的红的原初概念是一个红（它和其他颜色都是构成物理对象的真物料）的概念。

66. 因此，我的红的原初概念仅在这个意义上先于一个物理对象是红的的概念，即在这个意义上一块大理石板的概念先于一个大理石桌面的概念。

67. 弗斯引入

　　物理对象看上去是红的

的原初概念，它先于这对比

　　物理对象只不过看上去是红的—物理对象真的是红的，

通过将前者阐明为

　　物理对象引起我的红的经验，

而我承诺这个断言，即存在一个

　　物理对象是红的

的原初概念，它先于相关对比，因此先于概念看上去是红的。接下来要怎么引入后一概念？

68. 此时我来放弃这个(绝非无益的)空谈儿童心理学框架，换换隐喻，变身为现象学家。不过，我将假定心理学分析的成果可以作为现象学资源；这才是公平的，因为弗斯的事业从一开始就是将概念分析投射到一个发生学框架。

69. 现在，我的出发点是这个基本现象学事实，即当一个对象之于 S 看上去是红的，而且，可以说，S"上当了"——我作这个规定只是为了将不相关的置于一旁——S 得到一个经验，它和看到这对象是红的的经验内在一样。

70. 这经验在这个意义上和看到一个对象是红的的经验内在一样：如果某些附加条件实现，那么这经验就事实上是在其中 S 看到一个对象是红的。这些条件中包括(a)这对象事实上是红的；(b)这对象恰当地引起这经验。我来将这样一个经验称为貌似看到一个对象是红的。

71. 现在，我的策略，实质上，会是将

(1) O(在 t)之于 S 看上去是红的(looks red to S)

等于

(2) S(在 t)貌似看到 O 是红的(ostensibly sees O to be red)。

换言之，我将把概念看上去是红的置于——并非是红的的层级——而是被看到是红的的层级，①或者，换另外一个方式讲，我会将(1)等于

(3) S(在 t)似乎看到 O 是红的(seems to see O to be red)，

在这里"似乎看到"用作专业的"貌似看到"的日常语言对应。

72. 我用语词"实质上"来限定我的策略陈述，因为我得立即引入一

---

① 注意，根据这个策略，概念看上去是红的自始是一个认知概念，确切地讲，一个认识概念，在那个宽泛的意义上，即在这个意义上如果一个心理状态的概念要用命题形式和真假的概念来分析，那么那个状态是认识的或认知的，即使它本身不是知道(*knowing*)或认知(*cognizing*)。词项"认知的"(cognitive)长期在这个宽泛的意义上使用，即在这个意义上一个判断或信念会是一个认知事实。我将毫不迟疑地这样使用"认识的"(epistemic)。

个预先声明。一个常见事实是，

(4) S(在 t)看到 O 是红的(sees *that* O is red)

既不衍推"S 看到 O"(我们没有看到一架飞机也可以看到这架飞机在头顶上空飞)，也不衍推"O 之于 S 看上去是红的"(因为知道光照异常，我们可以看到 O 是白的，尽管它看上去是红的)。现在，

(5) S(在 t)看到 O 是红的(sees O *to be* red)

具有前一蕴涵，但不(或至少不明显)具有后一蕴涵。

73. 因此，稍作反思表明我面临一个两难。要么(A)，我这样使用

(5) S(在 t)看到 O 是红的，

即它不衍推

(1) O(在 t)之于 S 看上去是红的

就此而言，似乎即使(1)为假

(2) S(在 t)貌似看到 O 是红的

也可以为真，如果我的分析是正确的，那么不可能是这样。要么(B)，我这样使用(5)，即它确实衍推(1)，就此而言，似乎这分析是循环的。

74. 显然，我可以逃脱这个两难，仅当(1)不是(5)的部分分析我也可以这样解释(5)，即它为真仅当(1)为真。

75. 我如下利用前一节的资源来这样做。根据第 61 段中给出的描述，①一个不透明对象(例如一个苹果)，如果它以相关的方式(比如在表面)有一个红料面域作为配料，那么在形容词意义上是红的。就像在那建议的，我们来说这个红面域是"这苹果的真红"。并且我们来这样使用(5)，即它衍推

---

① 将会指出，我在给出的对作为变为个体的颜料体域的物理对象的描述，实质上是我在那称为的儿童关于视觉感知对象的原理论。这个原理论是我称为的在世之人的显见意象不可缺少的一部分。接下来得记住，本文主要在显见意象的范畴内进行。不过，也得记住，它还在否认显见意象的范畴的权威身份的范畴理论框架内进行，即它在拒绝所予神话的范畴理论框架内运作。

S 看到 O 的真红。

76. 换言之,我们现在给(5)以

(5′) S 看到 O 是红的,确切地讲,看到它的真红

的意义,并且相应地给(2)以

(2′) S 貌似看到 O 是红的,确切地讲,貌似看到它的真红

的意义。许诺对看上去是红的的分析现在可以通过将(1),即

O(在 t)之于 S 看上去是红的,

等于

S(在 t)貌似看到 O 是红的,确切地讲,貌似看到它的真红

来表述。

Ⅳ

77. 当那没有物理对象,我们可以得到一个经验,它和看到一个物理对象内在一样,以及当没有物理对象被看到或我们看到的红不是一个物理对象的真红,我们可以得到一个经验,它和看到一个物理对象的真红内在一样,像这样的事实要求区分看到和貌似看到。

78. 但当我们看到的红不是一个物理对象的真红时,它的身份是什么?从现象学上讲,颜色面域和体域的正常身份是作为物理对象的构成。我们要怎么说不是物理对象的构成的颜料面域和体域?这里我们得记住我们关于所予神话不得不说的话。比如,我们不可假定,如果关于颜料面域和体域身份的真正理论①是据此它们具有范畴身份 C,那么

---

① 我很清楚,短语"真正理论"会引起怀疑和抵制。我来试着消除这个反应,通过说我想到的是这个理论,即不管它是否实际得以阐述,它会有效解释它面对的所有相关事实。这样一个理论的概念明显是有问题的,着重表达式指出了有问题的特征。独一性根本不是一个有问题的特征。我想,在很大程度上,就得通过反驳相左的异议来论证这样一个理论的概念是融贯的。因为(尽管有这样的论证)这里没有时间详细讨论它们,所以恐怕我得恳求读者容许我暂时悬置怀疑。

它们在现象学上自显为具有这个身份。

79. 比如，我们不该假定，如果关于颜色面域和体域的真相是，它们是私人视觉空间中瞬息即逝的对象，那么它们向在一个存在论心境中仔细察看它们的人自显为这样；或者，如果它们其实是粉红方块地感觉（sensing cube-of-pink-ly）的心理状态等，那么它们这样自显。

80. 可能会认为，如果我们要聚焦红料面域或体域，发问其本身是什么，那么我们会很快发现它属于的一个不容置疑的范畴，即殊相的范畴。现在，殊相的概念的的确确属于形而上学实质关注的概念网络。不过，没有默许预设一个带有事实内容的理论，即一个用逻辑外的概念——或许我该对此补充集合论外的概念——来刻画其对象的理论，"殊相"的概念是最终述谓主词的空洞概念或"形式"概念，康德未图式化的实有范畴同样如此。

81. 生成一个理论的题材的实体所属的范畴是这理论的概念的属的特征。范畴一般来讲是概念角色的归类。最空泛的范畴不依靠题材，而充实的范畴取决于理论的事实内容。

82. 直截了当地讲，不能靠眯起我们的心理之眼（我们心中那个儿童的眼）"看到"真正关于一个红体域的感觉方式，来期望关于感官感知的心理学和神经生理学艰苦理论建构的成果。

83. 我在前一节论证说，存在一个红的原初概念，它先于一个物理对象是红的的概念。这可能会被解释为是说存在一个红的原初概念，它属于一个先于物理范畴的确定范畴。根据弗斯的分析的确会是这样，因为这原初范畴是一个经验动作方式的原初范畴。

84. 不过，根据我的描述，不存在这样先于作为物理物料（作为变为个体的物理之物的质料）的红的概念的确定范畴。我们，作为现象学家，可以以全新的方式来给一个红面域的概念加括号，其中抽离了所有涉及它是物理的什么的概念的蕴涵。但我们没有通过这样抽离而获得一个属于一个更基本的确定范畴的红的概念——我们仅仅抽离它具有的这样的确定范畴身份，将它只是理解为一个具有某个确定范畴身份的殊相。我们的现象学抽离没有显示一个新的确定范畴，某个颜色的概念也没有产生一个新红色的概念。

85. 在所予神话的掌控下，C. I. 刘易斯这样的人可能会忍不住说，这红面域向细心的心灵自显为一个感质（quale），因为后者是在语用市场竞争中脱颖而出的唯一基本范畴。红面域向皮尔士自显为第一性吗？

86. 我认为，应该说的是，就颜色而言，我们没有先于物理范畴的确定范畴。前者是我们的出发点。我们处理建构关乎颜色的新概念形式的问题，不是通过扔掉物理对象颜色的概念，而是通过将我们的概念置换为一个新调。

87. 不用说，当我们用具有一个新范畴结构的概念来回应一个红面域时，我们没有因此改变我们在回应的。存在我们回应的项（例如皮尔士样式的红面域），这是所予性（或认定性）的一个不争的维度。

88. 我们可以带着现象学的信心来说的一点是，无论其"真正"范畴身份是什么，貌似看到一个苹果的真红涉及的红面域具有现实实存，截然不同于在相信有时被相信有的意向现存。但注意，这个对比属于的概念家族由先验概念（即全面适用范畴的概念）组成。一个红面域可以是现实的什么，或者视觉空间中的一个感觉材料，一个感觉动作方式，或者一个物理对象的空间构成。

89. 现象学此时即将到达它的描述极限：它指出我们在我们貌似看到一个苹果的真红时看到一个现实实存的红面域，如果情境要是正常的，那么它会是一个物理对象的部分表面，确切地讲，它的部分真红。

90. 如果情境不是正常的，那么除了物理范畴，我们没有别的范畴可诉诸。只能用现实的（actual）、什么（something）和以某个方式（somehow）这样的先验词。这红是现实的什么，它以某个方式是一份红料，即以某个方式是适合作为一个物理对象的部分内容的项，但此项（尽管以某个方式是那样的项）事实上不是一份物理物料。

91. 几年前我在一篇关于感知的文章中这样表述，①"[当我们貌似看到其向面一面是红的和三角形的一个对象时]什么，以某个方式红的和三角形的，以某个方式向感知者显现，除了以想到的方式"。

92. 它以某个方式是一个物理之物的向面表面，这关乎这个事实：在阐述一个原理论来解释这个可能性（即当没有物理对象被看到——或者，即便有，它也不具有真红——时似乎看到一个物理对象的真红）时，唯一能用来把握以某个方式在经验中显现的红的确定概念是作为物理物料的红（即时空因果次序中的物理对象的红）的概念。

93. 后一概念得用作基础，类比思维可以由此生成一个红的原概念（proto-concept），它具有一个新的范畴结构。它这是通过生成一个原理论（proto-theory），其中满足一个关于形状和颜色的公理系统的项扮演许诺解释相关事实的角色。

94. 我们来将这样的项称为"准颜料面域"，或简称为"准料"。我们的原理论可能会将这些准料刻画为感知者的状态，满足一个关于形状和颜色的公理系统，在标准条件下是现实由颜料体域组成的物理对象所致，在非标准条件下是其他颜色的物理对象所致，或者是没有外部原因的身体状态所致。

95. 这样一个状态可能是（例如）一个关于一个粉红料方块的状态（an of-a-cube-of-pink-stuff state），在这里归类所有格短语封装了类比的概念生成过程。

96. 在阐述这样一个理论时，在这个想法，即准料其作为（例如）一个准粉红料方块的确定特征在功能上依靠感知者等，和这个想法，即在真实感知中我们直接觉知到的是（例如）一个粉红冰块的真粉红，之间不可避免地产生了一个张力。

---

① 在《知识的结构》[德克萨斯大学马切特基金会讲座（1971）]，载于赫克托-内里·卡斯塔尼达编辑的《行动、知识与实在：纪念威尔弗里德·塞拉斯的研究》（Indianapolis: Bobbs-Merrill, 1975）。参见第310页。

97. 一个没有受染所予神话的原理论作出的自然一步会是认为,在感知中,事实上是(例如)准粉红料方块(一位感知者的关于一个粉红料方块的状态)的项,被概念化(即被感知回应)为绝对具有冰的因果特性的粉红料方块。

98. 在笛卡尔式压力下,①这样一个原理论可能会发展成为一个感觉材料论,据此被看到的准料本身不是——尽管看到它们是——感知者的状态。

99. 我不会在这里停下来阐述关于感知和感知错误的替选原理论。熟悉此题材文献的读者自己可以轻松做到。我也不会着手与之相伴的任务,即修订关于物理对象的原理论来弥补将物理对象被貌似看到的红、粉红等从外部世界移出。科学实在论和现象主义的历史为这项事业提供了极好的资源。

100. 相反,我将把注意力转向认识论的看法,弗斯岔入儿童心理学只不过是其极为简短的前奏。毕竟,他实质关注的话题是感知所予性的话题,尤其是先于是红的和看上去是红的之间对比的感知所予的可能性。

101. 现在如果有人要假定,对儿童的看上去是红的的原初概念的详尽描述——这在本文前两节建构,并基于一些零星证据归给弗斯(或至少被称为弗斯式的)——以任何简单方式关系他的感知所予性理论,那他们就完全错了。

102. 比如,可能会认为在感知中所予的是(例如)我们得到一个红的经验,即被儿童的红的原初概念捕获的经验。要是这样,这"经验"(尽管被儿童概念化)本身就不会是一个概念状态。它会是一个概念觉知的对象,而非一个觉知动作。一个红的经验,即一个红地感觉的状态,不是

---

① 可能会问,一位感知者的意识状态怎么会满足一个关于形状的公理系统? 就是感知理论中的混淆阻碍了简单明了的一句"为什么不会?"。

觉知一个红项为一个红项。虽然的确可以说它是一个关于红的经验,在这里短语"关于红的"是归类所有格,但是这面域①本身不是觉知一个红项为一个红项;可以说,它不是一个归类觉知。

103. 因此,注意,根据弗斯式描述,儿童的对象之于我看上去是红的的原初概念不是一个概念状态的概念;它是一个对象引起他得到一个红的经验的概念,后者不是一个概念状态。

104. 但注意,弗斯不但谈及看上去是红的的概念,它先于对比概念(真的)是红的和(只不过)看上去是红的,而且谈及似乎看到的概念,它先于对比概念我(真的)看到和我(只不过)似乎看到。

105. 现在弗斯可能会认为,我们施洗为朱尼尔似乎看到一个红的对象的原初概念与我们施洗为一个对象之于朱尼尔看上去是红的的原初概念相同。要是这样,相关的原初概念就会是一个非概念状态的概念,尽管语词"看到"有一个使用,其中看到是一个概念状态或至少有一个概念成分。

106. 另一方面,只有极小的可能,弗斯被(我在我对"看上去"的分析中利用的)在

O(在 t)之于 S 看上去是红的

和

S(在 t)似乎看到 O 是红的

之间的直观联系导致去将一个概念要素引入儿童的原初概念关于的经验,无论他有没有意识到他在这样做。

107. 如果真是这样,那么弗斯是在认为儿童的原初概念看上去是红的是一个经验的概念,它是经验一个红项为一个红项,因此它至少部分地是一个概念化的经验。

---

① 此处或许是错印,原文是"这面域"(the expanse),根据上下文应改为"这经验"(the experience)。——译者注

108. 实际上,弗斯就是在归给儿童将一个红的对象看作红的的原初概念,它先于对比概念(真的)将红的什么看作红的和(只不过)似乎将红的看作红的。

109. 注意,在我对弗斯的第一个(直到现在占主导的)解释中,我想当然地认为他不会混淆一个红地感觉怎么是一个关于红的经验——凭借是一个属于某一种类的经验,即一个红的经验——和一个关于红的经验怎么凭借是觉知一个红项为一个红项而关于红。后者显然是一个概念状态,有它作为一个成分的经验至少部分地是一个概念化的经验。

110. 现在,如果我们要假定前者中非概念意义的"感官经验"是感知的"材料",那么他在他对感知知识的分析中诉求的所予会是齐硕姆的感觉,而且齐硕姆的论证,大意是依赖感觉(记忆补充)的感知知识"标准"通向怀疑论的"煤坑",就得得到比弗斯看起来给予它的更多的重视。

111. 现在,就这个建议,即说弗斯可能会持有这个替选,可能看起来是荒谬的。毕竟,在他成功论证了的对感觉材料论的抨击中,①他对比了任何合理现象学中的感知所予的"厚重"和"丰富"与感觉材料的单薄和贫乏。

112. 然而我们可以论证说(例如)我们感觉到的不是二维的(尽管是鼓起的)红面域,而是(甚至就不透明对象而言)番茄形状的颜色体域——具有各色内部结构的颜色固体。② 而且可能会诉求联觉现象,从而(回到我们的粉红冰块)被感觉到的是一个光滑的方块的凉粉红(粉红凉)体域。

113. 在我们"真的感觉到"的和想象力添加的之间的区分会被理解为源自某个形式的"感知还原"。我们可以采取这一步,同时让步感觉材

---

① 《感觉材料与被感知项理论》,《心灵》,52(1949)。
② 关于阐述和辩护这样一个关于感觉的现象学描述,参见我的文章《想象力在康德经验理论中的角色》,载于小亨利·W. 约翰斯通编辑的《范畴:学术研讨会》(University Park, PA: Penn State Univ. Press, 1978)。

料论者,承认在被感觉到的红体域的现实显现和作为番茄的番茄的概念显现(它的意向现存)之间的区分至关重要。

114. 确切地讲,在以感觉到的方式被经验和以概念化的方式被经验之间的区分具有重大认识论意谓。

115. 我们甚至可能会忍不住断然地断言,支持感知知识断言的材料得是现实实存项,可以说,它们显现其特征为现实的,而非这样的项(像番茄一样):它们可能事实上是现实的(番茄可能不是幻觉),但它们没有显现其特征为现实的。

116. 这个争议显然有些道理,不过(我们会看到)它的锋芒可以避开——但不是没有将我们带到知识论的核心。

117. 尽管上述思路是诱人的,但是我倾向于(至少作为一个初步假设)归给弗斯类似第二个替选。除非他在认为他的貌似物理对象(至少部分地)以概念化的方式被经验,否则我不能理解很多他的现象学洞见。要是这样,当貌似物理对象是感知知识的材料,后者会(至少部分地)以概念化的方式被经验。

118. 这造成一个严重问题,它(以某个形式)将是下述论证的核心。弗斯强调貌似物理对象(即似乎有的或我们似乎看到的)的"无缝性"(seamlessness)。如果我们认为这个无缝性蕴涵感知对象不是一个混合体,其中一些项以感觉到的方式被经验,另一些以概念化的方式被经验,那么我们似乎不得不在说所予的是感觉到的(这会将我们带回第一种描述)和说所予的是仅仅被设想的貌似物理对象之间作出选择。

119. 后一替选可能会谨慎地首先近乎于表达为这个看法,即感知所予是在感知中相信是这样或实存的。我们会赶紧补充说,相关的相信是一个特殊种类的当下相信,或许,库克·威尔逊的信徒使用短语比如"毫无疑问地认为……"和"以为……"来描述的。感知哲学家们总的来说选定了动词"认定(什么是这样)"[to take (something to be the case)],我将按照这个用法,暂不承诺任何关于一个认定认定什么是这样的具体描述。

120. 因此，补充无缝性的要求似乎会使弗斯得在这之间作出选择：(1)所予的是感觉到的(或感觉它,这是一回事),①这所予(或许)伴随并以某个方式密切关系一个认定；(2)所予的是被认定的,这认定(或许)伴随并以某个方式密切关系一个感觉。

121. 前者的一个例子会是这个看法,即所予的是(例如)感觉一个凉的光滑的方块的粉红体域。这个感觉可能会伴随感知者认定那边有一个凉的粉红冰块。② 后者的一个例子会是这个看法,即所予的是一个信念内容,③比如,那边有一个光滑的凉的粉红冰块。根据这个替选,相信这个内容会伴随感觉一个光滑的方块的凉粉红体域。

122. 注意,根据第二个替选,是"所予"即是一种被相信,从而很可能所予是不必是这样的什么。

123. 采取第一个替选的人通常认为是"所予"即是一个自显现实。然而可能发现一些人认为,即使当所予的是一个感觉,后者所予也凭借这个事实,即感知者得到一个带有特殊内容(比如：我正经验④一个方块的凉粉红体域)的信念。

V

124. 现在,常常认为,所予性的全部意义在于,当所予什么是这样

---

① 记得,在这个用法中,感觉不要理解为觉知一项为属于某一种类或具有某一特征的认知动作。另一方面,感觉(或与之等值的感觉到的)的所予就是它是这样一个觉知的对象。
② 这个看法的一个更精妙形式是,据此,尽管所予的事实上是感觉一个凉的光滑的方块的粉红体域,但是我们认定这个粉红体域(它的实存即被感觉)是一个粉红冰块。H. A. 普里查德持有类似这个看法。但采取这一步(我们会看到)牵涉所予是怎么一回事的概念的微妙变化。因为,据此,一个感觉可以"所予",然而被(错误)认定是完全非感觉的什么,即一个物理对象。
③ 应该指出,这不必意味着它所予为一个信念内容。
④ 如果我写"感觉"(sensing)而非"经验"(experiencing),那么我就会产生萦绕所予神话的忧虑。"经验"的含糊之处暂时抑制住了它们。

时，我们权威地觉知什么是这样——这个觉知不只是一种相信什么是这样。

125. 因此，很多哲学家区分了对一个事实的（不靠"观念"或"概念"促成的）"直接领会"和（靠它们促成的）思想或相信。一个相信，如果为真，就对应一个事实；即使相信被充分证成，它与直接领会相对比仍至多是知识的一个二级形式。①

126. 作出这个截然区分的人围绕它如下构建了一个基础主义形式。他们论证说，存在一个层级的信念——他们可能会称之为基本信念——它们从这个事实，即他们相信是这样的刚刚（或正在）被直接领会是这样，获得了它们的认识权威。因此，这个想法，即某些事实（例如我们处于某一当下心理状态）被直接领会，被用来解释某些信念怎么会具有一个不在于它们和其他信念的推论关系的认识权威。

127. 比如，我一直接领会我的当下状态，即相信阿尔伯克基是新墨西哥州的首府，就可能会相信我当下相信阿尔伯克基是新墨西哥州的首府。这个元信念会从对使之为真的事实（第一级相信）的直接领会获得它的认识权威。

128. 根本看不出来嵌入直接领会概念的认识权威怎么传递给基本信念。我们是否要接受一条原则，大意是在领会 p 的语境中出现的信念 p 具有认识权威？

129. 而且，别忘了，在对事实 p 的权威直接领会和伴随它的被证成的真信念 p 之间的确切不同会是什么？

130. 我们倾向于说，直接领会牵涉领会动作（the apprehend*ing*）和被领会对象（apprehend*ed*）的实存面对（*confrontation*）——而真信念通常没有相信动作和被相信对象的面对。

---

① 除了具有一级认识身份，对事实的直接领会常被当作是概念能力的主要来源。我们凭借直接领会什么是红的知道了红是怎么一回事，即获得了思想或相信有红的什么的能力。

131. 但直接领会的概念会不会仅仅是面对被相信事态的真信念的概念?

132. 注意,直接领会的概念是作为一个认知动作的概念引入的,它(a)具有内在认识权威,(b)与被领会事态有一个我称之为"面对"的直接关系。这面对本应该解释这权威。

133. 如果我们将被领会事态称为自显的,那么我们就可以开始看到关于我们一直在探讨的诸概念之间联系的两个不同描述的轮廓:

SP-1:一个自显事态是一个事实(一个实存事态),其(a)属于某一范畴(通常是当下心理状态的范畴)(b)更确切地说,大意是某人处于下面这样的当下心理状态 φ:如果这人要询问"我处于状态 φ 吗?",那么他们会直接领会这个事实,即他们处于 φ。直接领会是一个独特认知动作,比任何相信(不管多有担保)都更基本。直接领会是信念的认识权威的根源。

134. 现在,显然,倡导这个自显状态概念的人不必认为,从直接领会得到认识权威的信念是自显事态本身发生中的信念。他可能会认为,是带有某些其他内容的信念凭借其与被直接领会事实的关系获得权威。

135. 比如,一领会我貌似看到一个红的对象在我面前,可能我就可以相信有一个红的对象在我面前。

136. 注意,采取这个立场的人也可能会认为,如果我处于一个自显状态,那么我就有正当理由相信我处于这样一个状态。不过,相信我处于这个状态本身不需要扮演不可或缺的认识角色。那会由直接领会来扮演。

137. 因此,认为相信我们处于一个自显种类的状态确实具有一个不可或缺的认识角色的人,很可能得到一个不同的自显状态是怎么一回事的概念,确切地讲,这个概念否认在直接领会和信念之间的绝对区分。

138. 根据这个新描述——

SP-2：一个自显事态，它是这样，从而如果相关的人在相关的时间要相信它实存，那么这信念就是有非推论担保的或者是自我担保的。

139. 注意，这个替选兼容这个想法，即自显事态不必实存（不必是事实）。它也兼容这个想法，即当一个自显事态确实实存，它是引起当下信念——即相信它实存——的因素之一。

140. 这个描述的独特特征是，一个事态的自显（至少部分地）用这信念——即相信它实存——的"明晰性"（evidentness）或"有担保"（warrantedness）定义。

141. 根据第一个描述，即（SP-1），自显状态用直接领会的概念定义。一个自显状态，它能够被直接领会。如果它被直接领会，那么这个领会被恰当赋予高度的认识担保。①

142. 现在，在我看来清楚的是，弗斯拒绝彻底区分信念和直接领会，这区分是第一个自显状态描述的核心。因此，我们会预料，如果他给自显概念找到一种使用，那么就是类似第二个替选，即（SP-2）。至于齐硕姆，我真不知道说什么——不过，总体上我倾向于说他至少隐含承诺第一个替选。我来将这样一个齐硕姆称为齐硕姆-笛卡尔。

Ⅵ

143. 此时停一下来看一个话题将是值得的，它可能既有助于理解

---

① 根据一些描述，虽然直接领会是信念的认识价值的来源，不过它是认识权威的（借用齐硕姆的有益隐喻来讲）"非被动的原动者"（prime mover unmoved），在这个意义上，即对一个事实的直接领会是担保的来源，但它本身既不是有担保，也不是没有担保的。

弗斯难以解释一个兼具感觉和认定的经验的现象学无缝性，也有助于理解齐硕姆趋向于支持关于自显的直接领会描述。

144. 我们来假定有人问：你正在作为一个非概念状态的感觉和作为一个概念状态的认定之间作出的区分其实相当于什么？我们为什么不该将以某一方式感觉理解为"一种"或"连续"设想一个对象或事态？因为，确切地讲，如果感觉一个粉红方块在一个蓝方块的另一边仅仅是一种相信有一个粉红方块在一个蓝方块的另一边（并因此与之属于同一心理主义范畴），那么"无缝性"（它刻画弗斯的貌似物理对象）就兼容这个想法，即后者是以感觉的方式经验到的项和以设想的方式经验到的项的混合。

145. 感觉和设想之间的不同在于感觉到的的细节吗？我们用特有和共有可感项描述感觉到的，以强调感觉到的的确定性。（会有只是可确定的感觉吗？）信念的对象没有这样的限制。尽管如此，我们仍使用我们用来描述可感知事态的语汇来同时刻画感觉和认定。

146. 现在，有一个还算简单明了的意义，在这个意义上，可以说我们觉知什么，只是凭借相信它实存，根本没有感知它。比如，可以说相信有博斯普鲁斯海峡的人觉知它们。就像我们谈及感觉的对象，同样我们可以谈及信念的对象。如果感觉和相信属于一个共同的属——觉知什么——如果词项"感觉的对象"和"信念的对象"归于一个共同的近前范畴，那么感官的对象和信念的对象不就严丝合缝地组合在一起了吗？

147. 当然，博斯普鲁斯海峡之于相信不同于（根据副词理论）蓝之于关于蓝的感觉；但我们可以通过在信念动作的"内在对象"或"内容"和（就成功的信念而言）这信念分辨出的"超验的"或"现实的"对象之间作出区分来将其弥合。我们很可能会论证说是内在对象或内容并行感觉的对象。

148. 的确有很多人会愿意坚持关于信念内在对象的副词理论。命题有时被理解为相信的种类。相信汤姆是高的（to believe that Tom is

tall)是以汤姆是高的的方式相信(to believe in that-Tom-is-tall manner)。

149. 感觉一个粉红方块是以某一方式感觉。相信有一个粉红冰块是以某一方式相信。你可以做到这么严丝合缝!

150. 然而肯定有什么不对。要看到是什么,就得更详细地考察某些我一直在认为没有争议的地方。(不过,我们很快发现没有什么是没有争议的。没有什么得以完全确定。阴影从未完全消除。)

151. 我一直在试着以这样一个方式使用动词"感觉"(to sense),即同时(a)它代表感知者的一个非认知状态,(b)它的意指和当代倡导副词理论的人认为它具有的意指近乎相同。结果,这并不容易做到。

152. 就像我的使用一样,蓝地感觉(to sense bluely)不是觉知什么为蓝的(大致地讲:什么是蓝的),喷嚏地呼吸(to breath sneeze-ily)也不是觉知什么为一个喷嚏。就像我对这个蓝地感觉的概念的理解一样,它是对存在一个蓝的情况(a case of blue)是怎么一回事作出的一个存在论解释,正如喷嚏地呼吸的概念是对存在一个喷嚏的情况(a case of sneezing),即一个喷嚏(a sneeze),是怎么一回事作出的一个存在论解释。

153. 正如一个喷嚏,不存在觉知这喷嚏为一个喷嚏,在逻辑上可能发生,同样一个蓝地感觉,不存在觉知一个蓝的情况为一个蓝的情况,在逻辑上可能发生。

154. 我认为,当 G. E. 摩尔这样论证说时他差不多击中了要害:[①]即使在某个意义上一个蓝的情况是一个蓝的经验或一个蓝的意识,这个蓝的情况要进入认知或认识的领域,也得有一个关于蓝的经验或意识。一个蓝的情况可能在某个可证成的意义上是一个蓝的意识或一个蓝的觉知,但除非我们意识到或觉知一个蓝的情况,否则这个蓝的

[①] 《驳观念论》,《心灵》,12(1903),转载于 G. E. 摩尔的《哲学研究》(London: Routledge and Kegan Paul, Ltd., 1922)。参见第 23 页及之后几页,尤其是第 26 页。

情况不在认知或认识的领域。

155. 对此,我赶紧补充说,摩尔本该使用更详尽的短语"觉知一个蓝的情况为一个蓝的情况"来确定他的观点。

156. 因此,即使在蓝是一个感觉方式的意义上蓝的实存即被感知,即使我们这样使用"觉知"或"意识",即蓝是一个觉知或意识方式,我们也得小心不要认为一个蓝的情况的概念等同觉知一个蓝的情况为一个蓝的情况的概念。

157. 如果"感觉"(sensing)用作一个词项来代表觉知一个可感项为具有某一可感特征,那么它不该也用来代表之于蓝地(bluely)就像跳舞(dancing)之于华尔兹地(waltzily)的属的状态。就是这个合并为很多副词理论文献所具有。

158. 现在,这一切与弗斯关于感知对象现象学无缝性的描述的相关性在于,我认为,他有资格享有这个无缝性,仅当他可以成功将蓝或一个粉红方块涉及关于蓝的感觉或关于一个粉红方块的感觉的方式和一座山或一个冰块涉及关于一座山或一个冰块的感知认定的方式同化。不过,认定总是认定有什么,是认定什么以某个方式,从而牵涉命题形式,由此显示了它的独特特征。由"这个冰块"表达的认定认定什么是一个冰块。伴随这个认定的感觉可能关于一个粉红方块,但它不是觉知什么为一个粉红方块。

159. 这一切与之前关于自显状态的论述的相关性如下:假定关于蓝的经验是自显状态。如果我们将"关于蓝的经验"(experience of blue)语法分析为"蓝地感觉的情况"(case of sensing bluely),那么,如果我们清楚上述区分,我们会发现采取其中任何一个对自显状态概念的解释都是可能的,即要么认为,说一个蓝面域(一个蓝地感觉)是自显的就是说它可用于一个在逻辑上不同的直接领会动作(即领会它为一个蓝的情况),要么认为说它是自显的就是说它可用于一个在逻辑上不同的动作,即相信它是一个蓝的情况。

160. 另一方面,如果我们不清楚上述区分,将蓝地感觉的存在论概念合并感觉一个蓝项为蓝的的认识概念,那么假定一个关于蓝的经验的自显牵涉一个在逻辑上不同的概念动作,即相信它是一个蓝的情况,似乎就是荒唐的。这自显似乎就内在于这经验本身;蓝地感觉,它是一个蓝的情况,它不是一个信念的情况,然而自身就是觉知一个蓝的情况为一个蓝的情况;这是自显的全部意义。①

161. 因此,将感觉的存在论概念和认识概念合并的人,会拒绝对自显的信念解释(SP‐2)。他会移向直接领会解释(SP‐1)——但在源于一个混淆的立场中不要指望清楚和明确。

162. 在我看来,齐硕姆承诺这个想法,即如果琼斯蓝地感觉,那么存在一个蓝的现实情况——当然,不是物理的蓝,而是可感的蓝。它是一个现实情况,因为可感的蓝的实存即被感知(即被感觉)。同样,如果琼斯感受到痛,那么存在一个现实的痛,尽管痛的实存在于被感受。

163. 另一方面,被设想之物的一个典型特征是它们的实存并非被设想。"某人设想一个半人马"不能改述为"一个半人马实存",除非"实存"(exists)在专业(匹克威克式)意义上使用,在这个意义上它代表意向现存。

164. 但如果我强烈地倾向于认为齐硕姆不认为感觉是一种设想,那么我还是有难以消除的疑虑,即微弱地倾向于认为他确实认为。因为,在我看来明显的是,在描述感觉时使用空间措辞和使用颜色措辞同样恰当,而且当我们以一个通过使用表达式"一个蓝的三角形"来恰当刻画的方式感觉(即以一个蓝的三角形的方式感觉)时,这蓝和这三角形无缝连接,并处于同一存在论境遇。但齐硕姆想要说当我们以这个方式感

---

① 关于描述就蓝和关于蓝的感觉的关系犯这个合并错误的副词理论,参见 C. J. 杜卡斯的《摩尔驳观念论》,载于 P. A. 谢尔普编辑的《G. E. 摩尔的哲学》(Evanston, IL: Library of Living Philosophers, 1942, now published by Open Court, La Salle, IL)。尤其是参见第 245 页及之后几页。

觉时存在一个三角形（即"可感的"三角形）的现实情况吗？

165. 我认为，他应该愿意这样说，并且论证说在这个语境中的语词"三角形"有一个衍生意指，它在语义上适合感觉，就像它的首要意指在语义上适合物理对象一样。

166. 但如果这是对我们感觉到的三角形的正确描述，那么它也得适用它的无缝关联项，即被感觉到的蓝。

167. 另一方面，如果我们想要否认当琼斯感觉一个三角形时存在一个三角形的现实情况，那么这样做的一个方式就是说感觉一个三角形是相信有一个三角形或想到一个三角形的一个特殊形式。一个三角形的确会作为这思想或相信的"内容""现存"——但是庞塞·德莱昂心中的不老泉也是如此。而且，无缝性会再次出现来提醒我们适用于这三角形的也适用于这蓝。那么痛呢？①

168. 现在，齐硕姆认为蓝地感觉是一个自显状态。他愿意说感觉一个蓝的三角形是一个自显状态吗？心灵的状态能以假的形式自显吗？他认为感觉蓝的三角形是没有问题的吗？要是这样，他能解释问题的存在吗？

---

① 或许玛丽·贝克·埃迪只是粗浅探讨了错误的想法。

Ⅱ. 自然主义与过程

Ⅰ

1. 在这一讲我打算探讨关于变化和过程存在论的一些基本问题。就像在第一讲中一样，我将用中型对象的显见世界来表述论证，而后在第三讲才作出它之于科学带给我们的精细世界的一些蕴涵。

2. 显见世界主要是物（有生命的和无生命的）和人的世界。物属于用丛簇的力量、能力、倾向、趋向或者——使用一个意在涵盖所有这些以及更多的一般词项来讲——因果特性来刻画的种类。相关的因果性既是内在的也是外在的。前者的范例是一个封闭系统合乎规律的发展；后者的是两个子系统的相互作用。

3. 因果特性的实质特征是它们的"条件性"（iffyness）——它们与虚拟条件句的分析联系。比如，说一项是水溶的就是说它是这样，从而，其他条件均同，如果它要在水中，那么它会溶解。

4. 哲学家们经常（明确地或隐含地）利用在条件特性（iffy properties 或 conditional properties）——可溶性是一个典型例子——和可能会称为的纯粹当下①特性——尽管它们可能通过虚拟条件句和其他特性联系起来，但它们不（像可溶性一样）由在虚拟条件句中扮演前件和后件角

---

① 条件特性在物可能会具有它们的意义上当然可以是当下特性，比如当一块铁变得有磁性。因此，当下性特征不选定这些哲学家想到的特性。在纯粹当下特性和可能会称为的纯粹条件特性之间的是赖尔称为的"杂交特性"的范畴，即当下特性和条件特性的"混合"——他举迁徙（migrating）的例子来说明。

色的特性(比如入水和溶解)组成——之间的范畴区分。

5. 众所周知,这个在条件特性和非条件特性之间的齐整区分有很多有问题的特征,尤其是说到找例子。比较找令人信服的负面特性例子的任务。除了这些问题,还有给在靠明确定义为真的陈述和经验事实上为真的陈述之间的抽象区分找一个使用的问题。

6. 现在这些具体问题不在这一讲的范围内。但因为我将试着作其他明确区分,所以得摊牌一些方法论。

7. 比如,我将假定(不论证)哲学洞见实质上得自于让关于在世之人的话语面对齐整的(即使是临时的)概念模型(我们理解它们,因为我们构建了它们)。不过,我将不试着解释这个面对的本性——除了说它产生哲学辩证——以及它怎么使欲想的洞见可能。

8. 我将满足于这个反思,即少有人会强烈反对这个一般论点,也满足于这个令人清醒的思想,即关于哲学怎么完成其目标的细节问题仍等待完成。

9. 仅仅唤起自然语言多变凌乱不能有效反对使用明确模型。只有假定这些模型先前实在的人才是这招的合法目标。

10. 辩证法的分析是,概念区分的齐整性本身不是拒绝它们的理由。(另一方面,齐整性本身标志着是临时的。)因为,只有用更包容的一组明确区分,才能有效质疑它们,才能完成一个更明确(但仍是临时的)模型。

11. 因此,如果我假定开场段落提及的齐整区分是合理的,那是因为我怀疑很多反对它们的呼声只不过就是伪辩证地质疑偏袒清楚和明确的人,说他们从自然语言的海洋中拉出最终真理的利维坦。(比较第欧根尼质疑柏拉图,指向他的一个相。)

II

12. 我马上会探讨之于我一直在简述的物和人的严控框架的替选。

但首先我得引入这一讲的中心话题，即过程。

13. 显见世界的对象发生变化。它们涉及事件（events 或 happenings）。当然，它们中的很多大部分时间是呆板的。无论一个对象是否在变化，它都持续。那就是说，只要实存就持续。因为通常这些对象开始存在和终止存在。

14. 比如苏格拉底诞生和逝世。他也涉及事件。他参与的事件很多非常复杂，他和别人一起参与其中。有些相对简单，比如苏格拉底在某某一年的某个夏天跑步的事件。其他对象显然涉及，但相对于我指称它的方式而言它们的角色是隐含的。

15. 当我们处理存在论问题，首先要指出的是有两种方式我们可以用来表达这个关于苏格拉底的历史事实。

（1）用一个简单的主谓语句（带有一个副词修饰语）：

$$\text{Socrates} \begin{array}{c} \text{ran} \\ \text{runs} \\ \text{will run} \end{array} \text{at } t$$

（译作[①]：苏格拉底在 t 跑步）

（2）用一个其主词是一个事件表达式的相应语句。

$$\text{A running by Socrates at } t \begin{array}{c} \text{took place} \\ \text{is taking place} \\ \text{will take place} \end{array}$$

（译作：苏格拉底在 t 跑步发生）

要怎么理解这两种措辞之间的联系？

16. 我打算将这个关系理解为类似在

(3) Snow is white

（译作：雪是白的）

[①] 因为塞拉斯的阐述要依靠英语词句的结构和语法才能充足展现其论证的效力，所以本译文将在必要之处保留英语原文，并且以"译作"为标识来适当补充原文的译文。——译者注

和

(4) Being white is exemplified by snow

（译作：是白的被雪例示）

之间的关系，并将我给予(4)的那类分析运用于(2)。

17. 抽象实体的话题是出了名的困难和有争议。这里只能简要独断地说说。然而如果我不能阐明和辩护这分析，那我至少能试着尽可能清楚地表述它。这就要过于简化，唉，在所难免。①

18. 大致地讲，这分析的要点是，(4)的深层语法首先是

(4^1) That it is white is true of snow

（译作：它是白的之于雪为真）

其次是

(4^2) 'x is white' is true   'snow'/'x'

（译作："x is white"为真   "snow"/"x"）

它用一个语法理论的严控语言告诉我们，由串联"is white"的一个适当单数词项组成的语句为真，当相关的单数词项是"snow"。

19. 然后，根据这个分析，使用"ity""hood"和"ness"这样的后缀和用"that"——比如在"that snow is white"中——和"being"——比如在"being white"或"being triangular"中——这样的前缀生成的抽象单数词项是自然语言的加引号手段。②

20. 也该指出（以备参考）加引号的表达式，比如

'and'

---

① 对这分析的最清晰描述会在《抽象实体》，《形而上学评论》16（1963）［转载于《哲学视角》（Springfield, IL: Charles Thomas, 1968; also Reseda, CA: Ridgeview Publishing Co., 1976）］中找到。对这分析的系统阐明和辩护会在《自然主义与存在论》（Reseda, CA: Ridgeview Publishing Co., 1980）中找到。
② 关于这些加引号手段的描述，其考虑到在仅仅生成记号设计的指涉的加引号和生成记号设计的具有具体语义角色的描述语的加引号之间的区分，参见《作为功能归类的意指》，载于《综合》，27（1974）；另见前文注释2中引用的《自然主义与存在论》第4章。

不要理解为名称。它们的表层语法的确是一个单数词项的语法,就像这个事实所表明的:它们之后恰当紧随一个单数形式的动词。比如

'and' is a conjunction

(译作:"and"是合取)

但它们的深层语法是由一个分类词生成的分配单数词项的语法,就像由"lion"生成"the (a) lion"。因此,正如

The (a) lion is tawny

(译作:狮子是黄褐色的)

告诉我们

lions, normally, are tawny

(译作:狮子通常是黄褐色的)

同样

The (an) 'and' is a conjunction

(译作:"and"是合取)

告诉我们

'and's (normally) are conjunctions

[译作:"and"(通常)是合取]

21. 将上述策略运用于事件表达式还算简单明了。比如,

A running by Socrates is taking place

(译作:苏格拉底跑步发生)

要首先近乎于重构为

'Socrates runs' is true

(译作:"Socrates runs"为真)

以及

The coronation of George VI took place

(译作:乔治六世加冕发生)

首先近乎于重构为

'George VI is being crowned' was true

（译作：“George VI is being crowned”为真）

其次近乎于重构为(参见第 20 段)

'George VI is being crowned's were true

（译作：“George VI is being crowned”为真）

在这里出现在前者中的分配单数词项兑现为相应的一般词项。

22. 不过,这个分析漏掉了独一性条件,"the coronation of George VI"由此和"the present king of France"相似。要抓住它,我们得假定一个像"once and only once"这样的副词修饰语在深层语法中。因此更近乎的会是

'George VI is being crowned for the first and only time' was true

（译作：“George VI is being crowned for the first and only time”为真）

23. 根据这个解释,"takes place"和"occurs"被理解为真势谓词（alethic predicates）——可用真（truth）定义的谓词。在这方面它们和"exemplifies"属于同一家族；因为,根据上述思路

Tom exemplifies being tall

（译作：汤姆例示是高的）

要理解为

That he is tall is true of Tom

（译作：他是高的之于汤姆为真）

即,首先近乎于

'x is tall' is true   'Tom'/'x'

（译作：“x is tall”为真）   “Tom”/“x”

其次近乎于（兑现分配单数词项）

'x is tall's are true   'Tom's/'x's

（译作：“x is tall”为真   “Tom”/“x”）

24. 其他关乎事件的真势谓词的例子是"performed"和"participated in"。比如

Socrates performed a running

(译作：苏格拉底执行了跑步)

变成

That he runs was true of Socrates

(译作：他跑步之于苏格拉底为真)

即，

'x runs' was true　　'Socrates'/'x'

(译作："x runs"为真　　"Socrates"/"x")

以及

Jones participated in robbery

(译作：琼斯参与了抢劫)

变成

That he and others jointly robbed a third party was true of Jones

(译作：他和别人一起抢劫了第三方之于琼斯为真)

即，

'x and others jointly robbed a third party' was true　　'Jones'/'x'

(译作："x and others jointly robbed a third party"为真 "Jones"/"x")

25. 但我不是在试着在这一讲系统阐述一个关于事件措辞的理论，更不用说为它抵御推定的反例。我将仅仅论证，如果与之类似的为真，那么关乎时间和过程的存在论话题有了有趣的理解。

26. 首先要注意和强调的一点是事件语境中的真势述谓的时态特征。比如，当"E"表示一个事件措辞，"M"表示它的元语言对应，我们得到由以下图式来概括的等值。

```
          took place
    E    is taking place
         will take place
```
（译作：E 发生）
```
         was true
    M    is true
         will be true
```
（译作：M 为真）

27. 我在别处论证说，[1]时态——在既包括时态动词也包括"now"这样的指示词的宽泛意义上——是时间话语的一个不可还原的特征。换言之，消除所有"时态性"的话语不能抓住世界的时间方面。这里我将不再论证这个论点，毕竟，它被广泛认可。我将仅仅认为它是我在尝试讲述的更大故事的一个实质部分。

Ⅲ

28. 现在转向上述分析的存在论蕴涵，要注意和强调的下一点是，据此事件不是对象，除了在非常宽泛的意义上，在这个意义上任何可以谈论的都是对象。因此，苏格拉底跑步牵涉的真正对象只有苏格拉底自己，以及沙砾这样的其他没有问题的对象。

29. 有了一个要在下一节考虑的限定，谈论事件就是一个方式来谈论物之变化。因此除了变化的物和人之外不存在事件。

---

[1] 在《时间与世界次序》，载于赫伯特·费格尔、迈克尔·斯克里文和格罗弗·麦克斯韦编辑的《明尼苏达科学哲学研究》第 3 卷（Minneapolis：Univ. of Minnesota Press，1962）；以及更近的在《形而上学与人的概念》，载于卡雷尔·兰伯特编辑的《逻辑的做事方法》（New Haven，CT：Yale Univ. Press，1969）[作为第 11 章转载于《哲学与哲学史文集》] （Dordrecht-Holland：D. Reidel，1974）]。

30. 另一个(但关系紧密的)存在论点：不存在时间关系。这一点的关键是这个事实，即关系语词是谓词，用单数词项完成为原子语句，比如，

a is next to b

(译作：a 紧邻 b)

31. 谓词可以理解为开句；但并非每个开句都是谓词。明显的例子是

... or ___

(译作：……或 ___)

if ... , then ___

(译作：如果……，那么 ___)

32. 现在，想一想某些常被认为代表关系的表达式，即"before""during""after""while"，比如在

Socrates ran before he dined

(译作：苏格拉底在他吃饭之前跑步)

或(使用我初次用来阐明这一点的例子①)

Nero fiddled while Rome burned

(译作：尼禄在罗马大火之时拉琴)

33. 在这些例子中位于"before"和"while"两侧的表达式不是单数词项，而是语句。②

34. 在前文注释中提及的段落中，我将上述表达式刻画为"时间连结词"，来强调它们和逻辑连结词一样不是关系语词。我现在认为将它们理解为副词更好，期待一个合格的副词修饰语理论来进一步阐明。③

35. 注意，不是关系的项可以展示关系具有的特征，比如移递性、不

---

① 前文注释中引用的《时间与世界次序》。参见第 552 页。
② 当然，尝试过将语句理解为单数词项，而且出于某些目的没有造成重大伤害。但纸包不住火，在全面考虑之后，这尝试失败了，尽管这里我将不论证这点。关于对述谓和单数词项的相关反思，参见前文注释中引用的《自然主义与存在论》第 3 章。
③ 关于出于这些考虑作出的事件话语描述，参见杰克·诺曼《事件》(博士论文，匹兹堡大学，1974 年，载于微缩胶卷)。

对称性、反身性等。想一想

    a is taller than b

    b is taller than c

    Therefore, a is taller than c

（译作： a 比 b 高

    b 比 c 高

    因此, a 比 c 高）

    If p, then q

    If q, then r

    Therefore, if p then r

（译作： 如果 p, 那么 q

    如果 q, 那么 r

    因此, 如果 p 那么 r）

    S_1 Vd before S_2 Vd

    S_2 Vd before S_3 Vd

    Therefore, S_1 Vd before S_3 Vd

（译作： S_1 在 S_2 V 之前 V

    S_2 在 S_3 V 之前 V

    因此, S_1 在 S_3 V 之前 V）

36. 在第三个三段论中，"before"展示移递性，然而它不代表一个关系。

37. 至此我论述了"before"这样的语词在其中"Nero fiddled"和"Rome burned"这样的语句位于它们两侧的语境中的功能发挥。要是我们把注意力转向牵涉事件表达式的语境会怎样呢？

38. 因此，我们来把注意力从语句

  Socrates ran once

  （译作：苏格拉底曾跑步一次）

转向事件表达式

The running by Socrates

（译作：苏格拉底跑步）

39. 如果我们抓住惯用的

The running by Socrates was before the dining by Socrates

（译作：苏格拉底跑步在苏格拉底吃饭之前）

那么我们可能会如下推理。这个语句具有表层形式

（singular term）was before（singular term）

［译作：（单数词项）在（单数词项）之前］

因此，初步看来可以将在这个语境中的 before——与

Socrates ran once before he dined

（译作：苏格拉底曾在他吃饭之前跑步一次）

的那个不同——理解为一个关系。

40. 但如果在第 18—22 段中概述的策略是正确的，那么这个表层语法是引人误解的。在第 39 段中的惯用语句得用更清晰的

The running by Socrates *took place* before the dining by Socrates *took place*

（译作：苏格拉底跑步在苏格拉底吃饭发生之前发生

取代）

41. 应该作两个评论：(1) 极为重要的，这次位于"before"两侧的又是语句而非单数词项；(2) 单数词项"the running by Socrates"和"the dining by Socrates"不但不位于"before"两侧，而且它们是一般词项的表层转换。

42. 以下序列——独一性条件在其后期被忽视了——是该情况的最好体现

The running by Socrates was before the dinning by Socrates

The running by Socrates took place before the dinning by

Socrates took place

That he runs was true of Socrates before that he dines was true of Socrates

That Socrates runs was true before that Socrates dines was true

'Socrates runs' was true before 'Socrates dines' was true

'Socrates runs's *were* true before 'Socrates dines's *were* true

在最后的表述中，原来将"before"理解为关系语词的两个来源都消失了，它作为时间连结词的角色显明了。

43. 因此，甚至在明确事件表达式的语境中，"before"依然是一个时间连结词。

44. 从这个角度看，关于时间的关系理论——如此受到重视——牵涉一个范畴错误，就像它要求的事件——引入用作时间"关系"项的"对象"——存在论一样。

45. 我们需要的是一个关于时间的时间连结词理论。但这是一个这里只能概述的目标。

Ⅳ

46. 我的故事尚未过半。在我能阐明我想要阐明的关键点之前得有更多准备。我继续在显见意象内工作。

47. 我们一直在探讨由关于变化之物的语句生成的事件表达式。我们一直在将具有形式

The Ving of S

的表达式理解为具有形式

S Vs①

---

① 除了对各要素的阐述，我到现在为止还没有描述"in London""in 1979"等这样的修饰语。我将在后面部分提及"in London"。我(前文第22段)已经评论了由"the"表达的独一性。

的语句的元语言转换。

48. 我们现在需要指出，在显见框架中有采用虚假主词的动词。想一想

It rains

（译作：下雨）

It thunders

（译作：打雷）

It lightnings

（译作：打闪）

就下雨而言，不难找到一个等值（但未必同义）的语句，它有一个没有问题的指称表达式作为它的主词，比如

Rain rained

（译作：雨水降下）

Drops of water fell

（译作：水滴落下）

就其他而言，这要更难。我们可能会尝试

Thunder thundered

（译作：雷声打雷）

Lightning lightninged

（译作：闪电打闪）

但就这些而言似乎没有可用的指称表达式（它们具有独立于要称谓它们的动词的意义），而我们貌似可以用"drops of water"兑现"rain"。我们可能会尝试

A sound thundered

（译作：一个声音打雷）

A flash lightninged

（译作：一个闪光打闪）

但这些似乎又再次提出相同的问题,因为我们仅仅在从种的变动到属的——从(例如)"thunder"变动到"sound"。我们想要理解

a sound

(译作:一个声音)

a flash

(译作:一个闪光)

这样的名词表达式以及

There was lightning

(译作:有闪电)

There was a clap of thunder

(译作:有一阵雷声)

There was a sound

(译作:有一个声音)

这样的语句。

49. 我将不直接探讨这个话题,而是通过考虑一位哲学家(他同样有助于理解关乎时间的问题)对这些动词表达的过程的描述来悄悄进入。①

50. 布罗德引入他称为的"绝对过程"——也可能会称为无主词(或无对象)事件——的概念。这些是过程,它们的发生首先由我们刚刚在考虑的这种语句表达,即或者它们不具有逻辑主词或者它们具有虚假逻辑主词。

51. 换言之,首要表达它们的语句不具有形式

S Vs

例如

---

① C. D. 布罗德:《麦克塔格特哲学考察》,第 1 卷(Cambridge:Cambridge Univ. Press, 1933),第 141—166 页。

Socrates runs

（译作：苏格拉底跑步）

也找不到看似合理的具有真正逻辑主词的改述。

52. 注意,"electrons jumped across the gap"不算是在意欲意义上对"there was lightning"的改述。我们得区分这两个问题：

所有表面上关于绝对过程的陈述都能用变化之物改述吗？

诚然有些不能，它们指称的绝对过程能用变化之物解释吗？

53. 否定回答第一个问题就是承认绝对过程——在显见意象中——实存。肯定回答第二个问题似乎会使我们承诺原则上可以对世界作出科学描述，其中所有过程在动力学理论将热"还原"为分子运动的意义上被"还原"为带主词的过程。

54. 不用说，承诺后一想法，与坚持在别的"还原"意义上带主词的过程可以还原为无主词的过程，是兼容的。

55. 确切地讲，可能会论证说，两个理论可能会具有相同的事实内容——不管这究竟是什么意思——然而一个具有变化之物的"语法"，另一个具有绝对过程的"语法"。

56. 当我们开始寻思"实有"存在论和"过程"存在论（更不用说"混合"存在论）各自的优点时，所有这些——以及更多——问题显然萦绕在我们脑中。但这些问题到现在为止还没有任何清楚的意义。仍得继续奠基工作。

57. 显然，第一步得是通过考虑一些表面上的例子来更好地把握绝对过程的概念。

58. 比如，我们来仿效布罗德想一想声音。这里必须区分发出声音的对象和发出的声音。举一个老旧的例子：一个铃，当受到铃舌撞击，发出一种熟悉的声音。

59. 当这铃鸣响，它发出一个声音序列。这铃的鸣响属于在前几节考察的事件框架。我们现在关注发出的声音的"语法"。

60. 在显见意象中,作为一个粉红冰块的可感知核心的粉红体域是外在环境中的一项,它在当下意义上是粉红的。它也在倾向意义上是粉红的——它能引起在标准条件下标准观察者之中的关于一个粉红方块的经验。但粉红发生的首要意义不是关于粉红的经验发生的意义。

61. 同样,一个中央 C♯ 音叉发出的声音是一个中央 C♯ 声音。它和这粉红体域一样外在环境中。它"来自"这音叉,连续"弥漫"同心的空间区域。它在当下意义上是一个 C♯ 声音。它也在倾向意义上是一个 C♯ 声音——它能引起在标准条件下标准观察者之中的关于一个 C♯ 声音的经验。但同样,C♯ 发生的首要意义不是关于 C♯ 的经验发生的意义。

62. 当音叉响起,它的鸣响是通过发出一个声音。发出的声音是一个具体种类的过程。

63. 现在,过程的特征是我们用动词谈它们。想一想一个嗡嗡响种类的声音。我们说后一短语的意思是一个嗡嗡响发出的种类——在这里"嗡嗡响"(buzzing)以一个在概念上独立于这嗡嗡响产生的过程的内在特征的方式指称(例如)一只蜜蜂的活动——吗?这似乎极为不合理。

64. 似乎更为合理的是建议"to buzz",在我们用它称谓蜜蜂的意义上,代表那种发出一种典型声音的活动——也可以在别的(但相关系的)意义上说它是一个嗡嗡响。(使用一个亚里士多德式措辞,我们可能会说嗡嗡响和健康的一样以很多方式来说。)

65. 这条思路表明,在动词"to buzz"的各个意义中首要的是可以用其典型原因来辨认的某一种过程的内在特征的概念。也就是说,动词"to buzz"会具有一个意义,在这个意义上那个内在种类的过程会是嗡嗡响,即便当它们不是在被这些典型原因之一引起时。

66. 因此,在动词"to buzz"的这个意义上,我们可以说一个嗡嗡响正在发生,没有暗示某个对象(例如一只蜜蜂)在嗡嗡响。

67. 我们现在能聚焦一个关键问题了。动词"to buzz"的这个意义和分类短语"a buzzing"之间的关系会是什么?想一想这两个语句

There is a buzzing (coming from) over there

［译作：（来自）那边有一个嗡嗡响］

It buzzes (from) over there

［译作：（来自）那边嗡嗡响］

哪个是"首要的"？挑取一个作为首要的，这样做有任何意义吗？

68. 换回我们原来的例子，为了简单起见使用介词"in"而非我们认为适当的更复杂的空间措辞，想一想语句

There is a C♯ing in the corner

（译作：角落有一个C♯响）

表面上这具有形式

(Ex) x is a C♯ing and x is in the corner

［译作：(Ex)x 是一个 C♯ 响且 x 在角落］

变项"x"的范围是什么，述谓要怎么理解？我们来绕绕圈子。

69. 过程，和悲剧一样，有开始、中间和结束。就绝对过程而言，我们可以说绝对开始存在和终止存在，因为，当一个声响（例如一个 C♯ 响）开始，没有什么——在相关意义上——开始声响(begins to sound)。（比较"produces sound"意义上的"sound"。）

70. 另一方面，当一个跑步开始，这是因为某人开始跑步。

71. 布罗德指出，①可以在一个完全有意指的意义上说绝对过程发生变化——虽然有意指也可理解，但不容易分析。想一想下述情况：

这声响开始是一个 C♯ 响。它的音高逐渐变高，一直到它是一个 E^b 响。然后它突然变成（之后紧随？）一个 F 响。

我们怎样将声响变为个体？相关的考虑是连续性、空间定位、因果性——比如，假定前文描述的声响的相继阶段来自单个可变音高的

---

① C.D. 布罗德：《麦克塔格特哲学考察》，第 1 卷（Cambridge：Cambridge Univ. Press, 1933），第 159 页及之后几页。

音叉。

72. 我们前文注意到

a running begins≡someone begins to run

（译作：一个跑步开始≡某人开始跑步）

不过没有提醒我们，虽然这个等值实存，但是它不构成意义的等同。因为，如果我们原来的分析是正确的，那么

a Ving began

（译作：一个 V 开始）

（在这里"V"是一个采用真正主词的动词）要理解为

That it began to V was true of something

（译作：它开始 V 之于什么为真）

即（在这里"INDCON"表示一个适当的个体常项范畴）

'x begins to V' was true　　INDCON/'x'

（译作："x 开始 V"为真　　INDCON/"x"）

73. 换言之，我们得考虑到这个事实，即根据那个分析，"running"作为一个事件分类词是"to run"的元语言名谓化，就像"being red"是"is red"的元语言名谓化。

74. 因此，我们论证说，虽然（当然）存在事件，但并非真的存在事件，因为事件不是显见意象装置中的基本项——原子。这个断言被两条思路支持：(a)我们总能从这样的陈述，即它们牵涉事件措辞而且它们表面上承诺一个（作为世界中的对象的）事件的领域，比如，

A running by Socrates took place

（译作：苏格拉底跑步发生）

退回到不是这样的陈述，比如，

Socrates ran

（译作：苏格拉底跑步）

75. (b)因为(a)本身兼容这个断言，即首要的是事件，而非物，所

以，根据我们的分析，主导的考虑是事件措辞属于语义阶梯的上一阶，指称语言的或概念的项，而非世界中的项。①

76. 此时，同比表明，我们将短语"a C♯ing"理解为动词"to C♯"的元语言名谓化，就像我们将"a coronation"理解为"to crown or be crowned"的元语言名谓化。

77. 一个支持采取这一步的有力考虑是这个事实，即"a C♯ing"像"a coronation"一样贴合语境

... is taking place

（译作：……正发生）

及其近亲"... is going on"和"... is occurring"。这里这些真势谓词也会采用元语言主词。

78. 如果我们采取这一步，那么

A C♯ing is taking place in the corner

（译作：一个 C♯ 响正在角落发生）

就与

A coronation is taking place in London

（译作：一个加冕正在伦敦发生）

具有相同的一般形式，而如果后者具有深层语法

That someone is crowning someone *there* is true of London

（译作：某人正在那加冕某人之于伦敦为真）

即

'Someone is crowning someone in x' is true   'London'/'x'

（译作："Someone is crowning someone in x"为真   "London"/"x"）

那么前者就具有形式

---

① 毕竟，我们不支持（事态）雪是白的也可以支持概念外次序中的白雪。

That it C♯s there is true of the corner

（译作：那C♯响之于角落为真）

即

'It C♯s in x' is true   'the corner'/'x'

（译作："It C♯s in x"为真   "the corner"/"x"）

79. 如果是这样，那么在加冕只是貌似对象——截然不同于王冠、主教和国王——的意义上，C♯响就同样只是貌似对象……截然不同于什么?!

V

80. 为了增加这个问题潜藏的戏剧性，应该有一点舞台设定。我们一直在显见意象内工作，在这个框架中首要对象历经变化且归属种类，归属标准主要是条件特性。我们该想一想一个替选框架了。

81. 我想到的替选它的出发点是20和30年代的逻辑原子主义，当时《数学原理》作用于过饱和态的哲学在很多人看来沉淀出世界的真正结构。

82. 逻辑原子主义实质上是一个存在论视角。虽然它有认识论和语义学的蕴涵，但它们不是我们这里关心的。

83. 原子主义者要我们想一想一个基本对象的领域——在它们是非组合的（即没有现实的而不是虚拟的部分）的意义上是基本的。所有其他对象是由这些"原子"——它们在分体论的意义上是其"部分"——组成的整体。

84. 原子主义者的存在论直观不容易举例来具体明示。他们提出一个范导典范，用作一张普洛克路忒斯之床，在此之上塑造推定的例子。

85. 就我们的初始目的而言仿效中立一元论者就足够了，他们试图通过将所有对象还原为可感物的模式或复杂来消除形而上学和认识论的困惑。他们的口号很可能会是：当然存在心灵和物质之物。但并非真的存在心灵或物质之物；因为心灵和物质之物都不是万物的最终构成——可感物（sensibilia）。

86. 实际上，他们提议，我们将我们用来描述变化之物的显见世界的陈述，看作能够关联一种语言（其基本陈述将性质和关系归于可感物）的在逻辑上复杂的陈述。

87. 大致地讲，具有形式

S is a K

S is P

S is V

的陈述（在这里"S"指称可变之物，"K""P"和"V"代表可变之物的种类、特性和活动）会关联其个体变项涉及可感物且其谓词代表可感物的性质和关系的（不用说，极其复杂的）陈述。

88. 这众所周知。我唤起它只是为了阐明显见意象对象的条件特性的虚拟维度会关联牵涉基本对象模式的规律一样的真理，比如，

If there *were* to be a pattern, P_i, at s, t there *would* be a pattern, P_j, at s', t'

（译作：如果在 s, t 要有一个模式 P_i，那么在 s', t' 会有一个模式 P_j。）

89. 基本对象不会有具有形式

If x were φ, x would be ψ

（译作：如果 x 要是 φ，那么 x 会是 ψ）

的基本特性，而且这框架的基本种类（与显见意象的不同）不会有这样的特性作为它们的标准。

90. 不过，注意，基本种类很有可能会有虚拟标准——不过，这些会与某些种类的基本对象和其他种类的基本对象共同出现的齐一性有关。

91. 可以说,基本对象不会有潜能。

92. 在我们利用这个"替选"框架之前的最后一点(以备参考)。我们一直在谈及的在这两个框架中的陈述之间的关联不必被视为提供对显见陈述的分析,即保持意义。

93. 并非无关的一点是,应该指出,将显见的水"等同"于 H_2O 体域,不是将关于水的陈述分析为关于 H_2O 的陈述。

94. 它也不是(非常肤浅地)确立在(一方面)显见的水及其可观察特性和(另一方面)H_2O 及其理论特性之间的关联。

95. 它而是说一个框架(在更大语境中适当调整)可被另一个取代——可消除以支持另一个。这取代会由新框架更强的解释力来证成。

96. 逻辑原子主义者可能会同样断言,他们谈及的关联要视为显见意象可能被一个具有它们范导典型的存在论质地的框架取代。这个可取代性(原则上)会由形而上学考虑的调解来证成。

Ⅵ

97. 我在上上一节末尾指出,如果我的论证是可靠的,"那么,在加冕只是貌似对象——截然不同于王冠、主教和国王——的意义上,$C^\sharp$ 响就同样只是貌似对象……"。我接着问"截然不同于什么?"

98. 如果我们现在根据我们设想的中立一元论来看 $C^\sharp$ 响,那么我们可能会忍不住说,即使 $C^\sharp$ 响不是真正的对象,然而在更大框架中确实(至少)包括

rectangular expanses of red

(译作:长方形的红面域)

和

cubical volumes of pink

(译作:方块的粉红体域)

这样的真正对象。

99. 不过，如果我们采取（乍一看①）全新的步骤，将我们中立一元论模型的所有"原子"理解为绝对过程，那么我们真就开始困惑了。

100. 比如，如果采取这一步，那么红面域就是（使用约翰·威兹德姆在30年代初创造的一个语词）红着（*reddings*）。比如

There is an expanse of red over there

（译作：那边有一个红面域）

会指向

It reds over there

（译作：那边红着）

正如（根据前文第Ⅳ节给出的描述）

There is a C[#]ing in the corner

（译作：角落有一个 C[#] 响）

指向

It C[#]s in the corner

（译作：角落 C[#] 响）

101. 确切地讲，

There is a rectangular expanse of red over there

（译作：那边有一个长方形的红面域）

会指向

It rectangularly (!) reds over there

［译作：那边长方形地(!)红着］

因为前者的（名词修饰语）-（名词）结构在被理解为一个深层结构的转换，其中被修饰的是动词"reds"，因此其中修饰语在宽泛的语法意义上

---

① 我说"乍一看"，因为，当有更大故事时，环境中的颜色面域就是划错范畴的感知者状态。不过，这是最后第三讲的部分主旨。

是一个副词。

102. 我们忽然看到，我们一直在建构的世界是其中每一个基本事态都使用动词和副词来表达。

103. 这个想法有迷人的蕴涵。确切地讲，我得到一个真正赫拉克利特式存在论的极简轮廓。一切皆流($πάντα\ ῥεῖ$)。不存在对象，世界是一个正在发生的发生组织。

104. 不用说，没有对象的存在论的概念，和词项存在论的当前使用一样，是不融贯的。但或许是我们的存在论概念需要修订。

105. 当然，像蒯因一样的柏拉图主义者（或新毕达哥拉斯主义者）总能用这个想法安慰自己，即当前设想的存在论不为空，因为存在抽象对象——集合、集合的集合等等无穷。其他存在论者会欣喜他们的柏拉图的相——属性、命题和无穷可能世界的领域。

106. 但如果我们要走赫拉克利特式路线，那么我们这些唯名论者得重新考虑我们对存在论任务的理解。

107. 当然，如果我们这样使用词项"对象"，即每一个基本项都是一个对象，那么绝对过程就是对象。

108. 但这一步就得被一个关于范畴的理论支持。不然，安于认为绝对过程是基本实体并因此是对象，就会是掩盖由过程语句的独特语法造成的问题。

109. 我们对经院哲学区分范畴和超越者的重要性有了新的认识，并开始在关于存在论是作为存在的存在的理论的想法中发现新的力量。

110. 注意，赞同赫拉克利特万物(all things)[①]皆流无物常驻，不是赞同柏拉图半开玩笑建构的赫拉克利特-普罗泰戈拉。因为，我们看到，我们不承诺一切总是处处在变这个荒唐的看法。流变之中有恒常。

[①] 假如我们不写"everything"——当然，它与"every thing"不相同。关于这一点的论述参见前文注释中引用的《自然主义与存在论》第 1 章。

Ⅶ

111. 我将以一些柏格森主题变奏曲来结束这一讲,尤其是空间化时间之罪。

112. 我首先来问:C♯响像一个红面域具有广延性一样具有持续性吗?在一个意义上回答明显是具有。在一个更深的意义上并非这样明显。

113. 我来改述这问题。在世界中有实体具有从 t_1 持续到 t_2 的特性吗?想一想以下:

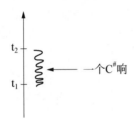

这个示意图说明了很有可能为真的什么。但 C♯响是"在世界中"的项吗?如果我们到目前为止的论证是正确的,那就不是。①

114. 我们早先(第71段)考虑过一个声响,它经历了几个阶段:一个 C♯ 响、一个 E^b 响、一个 F 响。

115. 那么一个不变的声响呢;一个保持不变并且(我们忍不住说)持续的 C♯响?

116. 我们很可能忍不住认为这 C♯响是一系列同质阶段,每个都开始存在和终止存在。

117. 我们也总想着柏拉图将赫拉克利特式世界称为永恒生成

---

① 我们也可以问"时间在世界中吗?"这里我将不试着完全回答这个问题。感兴趣的读者会在前文第27段提及的《时间与世界次序》中找到一个(我依然尊重的)早先描述。出于现在的目的,他们可以将时间理解为凭借计量程序关联重叠过程的实数连续体。

(always becomes)无时存在(never is)的领域。

118. 我们忍不住问：或许，在任何一个时间实存的关乎我们的 C♯响的项只有一个瞬时 C♯响？

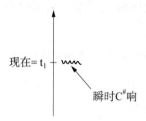

119. 确切地讲，我们不该将前文第 113 段中的示意图理解为一系列连续示意图的合并吗？①

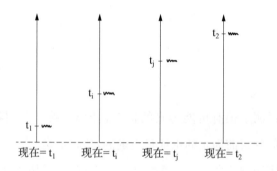

120. 现在我认为类似这个对示意图的解释是正确的。不过，我认为，它没有清晰表示该情况的存在论。

121. 瞬时 C♯响要理解为不是世界中的构件，而是为作为瞬时的理性实体量身定制的理性实体。

122. 深层真相是，绝对过程的正在发生要求关于连续的开始存在和终止存在的想法。

123. 但我不认为可以把这个开始存在和终止存在的连续性等于一

---

① 当然，我们现在可以将时间本身置于过程的涡动之中。不过，毕竟，时间不是活动的永恒影像吗？而且(继续前一注释的主题)将数字赋予过程本身就是过程。

系列连续瞬时实体的数学连续性——我也不认为一个红面域的空间连续性要等于一系列连续红点例证的连续性。

124. 需要的是一个关于这个连续性的描述，它既不假定瞬时过程，也不假定(请怀特海原谅)作为实体——它们具有有限的持续性是一个最低存在论①真理——的过程。

125. 因为(可能会预料)我会坚持将具有形式

(process) has (duration)

〔译作：(过程)具有(持续性)〕

的语句理解为牵涉过程动词和"before""while"和"after"这样的副词修饰语的对象语言语句在元语言层级的对应。②

126. 但这样处理具有形式

(process) begins to be

〔译作：(过程)开始存在〕

的语句的任务(就我而言)是未来佳音。我们可以将它归结为

It begins to C♯ in the corner

(译作：角落开始C♯响)

这样的语句,但此后我们何去何从？

127. 不过,我相信,我能做的是对忍不住认为过程是在一个基本意义上具有持续性——即继续实存一段时间,截然不同于在想望意义上不断地开始存在和终止存在——的项作一些阐明。

128. 这牵涉一个关于似是而非的现在(the specious present)现象的描述。③ 这个描述和很多其他描述有共同特征,尤其是和C.D.布罗

---

① 当然,C♯响具有有限的持续性是一个在哲学上中立的事实。确切地讲,所有C♯只持续一分钟可能会是一个自然规律。
② 我没有指出这个事实,即在变化之物的语境中这些表达式也不是关系语词。反思怀特海"广延抽象法"的人应该将这个考虑在内。
③ 我起初在《科学与形而上学：康德主题变奏曲》(London：Routledge and Kegan Paul,1967)的附录A中阐述了这个描述的基本原则。

德在他对其批判者的答复中给出的描述。① 我的描述独立于后者,但(当然)依靠他在《麦克塔格特哲学考察》中的经典表述。

129. 布罗德两个描述的关键不同在于,他在第二个描述中放弃了这个悖论看法,即过程(可以说)在未来的生长边缘开始实存,然后从那时起继续实存,从而过去获得越来越强的持续性。

130. 本章末尾的示意图表示了这描述的要点。

131. 在这个示意图中,大圈(从一个角度看)表示一个具有感觉状态的人的瞬时状态。垂直维度表示时间。水平维度表示这主体的一个感觉状态(s_i)(在时间上)同时的构成的独特排序方式——τ 维度。

132. 在 t_1 一个 $C^\#$ 响从 τ 维度的零点开始,继续在零点直到 t_2,此时它被一个 E^b 响取代,继续到也在 τ 标度零点的 t_3,然后紧接着是一个 $G^\#$ 响,它到 t_4 结束。

133. 除了在 τ 零点的 $t_1 t_2$ 期间继续,这 $C^\#$ 响还以别的方式继续。隐喻地讲,它向 τ 维度的右边移动。因此 $C^\#$ 响的 t_1, τ_0 阶段属于一个 t_i, τ_0 阶段序列($t_1 < t_i < t_2$),也属于一个 t_i, τ_j 阶段序列($t_1 < t_i < t_2 ; \tau_0 < \tau_j < \tau_1$)。

134. 确切地讲,$t_i, \tau_j C^\#$ 响序列,它是在 t_1, τ_0 的 $C^\#$ 响的 τ 继续,在 t_2 之后持存,此时在 τ_0 的 $C^\#$ 响序列结束并被一个在 τ_0 的 E^b 响序列取代。

135. 对我们而言这就够了:在 τ 维度的 $C^\#$ 响序列,由在 t_1, τ_0 的 $C^\#$ 响开始,持存直到 t_4,此时在 t_4, τ_3 有一个 $C^\#$ 响。这由阶段 s_4 右边的小圈表示。

136. 在 τ_0 的 $C^\#$ 响在 t_1 和 t_2 之间的每一刻(加以必要修正)同样如此。就是一个 $C^\#$ 响阶段序列的初始阶段向 τ 维度的右边移动。比如在 $t_{1.2}, \tau_0$ 的 $C^\#$ 响向 τ 维度的右边继续。在 t_2 它达到 $\tau_{0.8}$。

137. 并行的考虑适用从 t_2 到 t_3 的 E^b 响和从 t_3 到 t_4 的 $G^\#$ 响。

---

① 保罗·A. 谢尔普编辑的《C. D. 布罗德的哲学》(Evanston, IL: Library of Living Philosophers, now published by Open Court Publishing Co., La Salle, IL)。

138. 因此，在 t_4 主体的感觉状态包含 $C^\#$ 响、E^b 响和 $G^\#$ 响在 τ 维度的一个连续排列。它们是在时间上同时的,但在 τ 维度组成一个序列。

139. 该情况的存在论就谈这么多。我们现在来从认知心理学的立场看它。

140. $C^\#$ 响(我们一直在探讨其在 τ 维度的生涯)是这主体的非概念状态。它们只是实存时不为这主体提供觉知一个 $C^\#$ 响为一个 $C^\#$ 响,更不用说为具有时间特征。之前指出,一个感觉(它是一个 $C^\#$ 响)可以称为一个"觉知"或一个"意识状态",不过话说回来,后面的词项不是在一个认知的或认识的意义上使用。

141. 我们现在来引入概念动作。不去详细叙述一个意向性理论,我们仅仅来假定觉知为(awareness as)是功能状态,它们类似自发语言片断(出声地想),而且它们(依照它们的功能角色)用来回应它们觉知的项。在一个感知语境中,这样一个觉知可能会由

Lo, the red and rectangular facing side of a brick!

(译作：瞧,一块砖的红的长方形的向面一面！)

表示。

142. 在现在的语境中,我们将假定这主体会得到相关的关乎时间的原初概念：while、before、after、then 等。

143. 这个关于似是而非的现在的理论的关键想法是,在 t_4 这主体用一个概念动作,它是心语表达式(我给它加了点引号)

• It $C^\#$ ed a while, then E^b ed, and just now $G^\#$ ed •

(译作：• $C^\#$ 响了一会儿,然后 E^b 响了,刚才 $G^\#$ 响了 •)

的一个殊型,来回应 $C^\#$ 响、E^b 响和 $G^\#$ 响的 τ 排列。

144. 换言之,尽管这 τ 排列作为一个感觉状态是在时间上同时的,但是它由关于一个时间序列的概念表象来回应。

145. 正如(或者我论证过)在视觉感知中,我们错误认定我们的诸感觉状态是物理对象(包括我们的身体)的特征,即我们(例如)用

・This cube of pink ice over there facing me edgewise・

（译作：・那边侧对着我的这个粉红冰块・）

来概念回应它们，同样，我们用

・(Over there in the corner) it C$^\#$ed, then E^{b}ed and just now G$^\#$ed・

〔译作：・(那边角落)C$^\#$响了，然后 E^b 响了，刚才 G$^\#$ 响了・〕

来概念回应事实上诸感觉状态在 τ 维度的一个同时排列。

146. 布罗德提供给我们的不是 τ 维度，而是"显现"程度。别人，例如 C.J. 杜卡斯，谈及活性程度。这些尝试全都错误假定排序得牵涉一个可内省的（感觉或准感觉）特征。确切地讲，它得是可被回应的感觉状态的一个特征。但它不必是一个感觉特征。

147. 其实，τ 维度的概念是一个高度理论的功能概念（像感官杂多的概念一样），而且，就确切来讲 τ 功能发挥怎么在心灵中体现而言，是一张将最终得用神经生理学语言来兑现的期票。

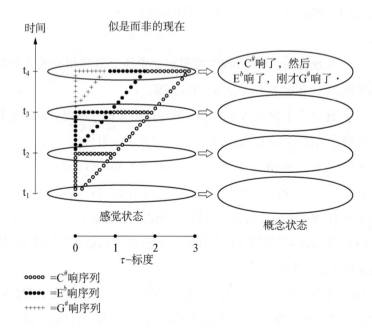

Ⅲ. 意识是物理的吗？

I

1. 一个有趣的事实是，很多关于所谓的心身问题的文献讲的是感觉——尤其是关于痛的感觉——和原则上可由自然科学描述的身体状态之间的关系。

2. 我在这些讲座中（和别处一样）一直在强调感觉状态和概念状态全然不同，比如一个粉红方块地感觉的状态和关于什么（例如博斯普鲁斯海峡）的思想的状态。如果我们认为心身（mind-body）问题是怎样将概念动作和身体状态契合一幅融贯图画的问题，那么我们也应该愿意怀有感身（sensorium-body）问题。

3. 当然，处理一个（据此）不是处理另一个。令人不安的事实是（前文指出）很多标榜的心身问题论述实际上是论述感身问题。

4. 现在我这里打算论述的正是感身问题。虽然意识是一个奇妙的东西，但是它在题目中使用时指的是感觉意识，即我们仅仅凭借感受到痛或一个粉红方块地感觉得到的那类意识。

5. "为什么"(as such)的意义在于提醒读者注意会有尝试去作出常见的（尽管有争议的）在感觉状态——（用康德式语言来讲）"感官杂多"——和觉知为状态①（其在感知意识中非常密切地联系前者）之间的区分。

---

① 我将用这个短语来指称觉知一项为具有某一性质或为以某一方式关系别的什么的状态。

6. 觉知为是一种概念意识。我在第一讲谈过它。一个合格描述会要求全面探讨意向性的范畴，从而会远超可用的篇幅。不过，我在别处深入探讨了这个话题，①并且将随心所欲来利用那个分析的成果，因为它保持了关于概念动作的古典理论的常见特征——纵然在这过程中一些新酒倒入了老瓶。

7. 我当然不是想说能在一小时内确切说明感身问题。但历史辩证的主要步骤足够常见，简要的影射会为读者准备（通过利用上一讲简述的存在论框架）尝试进一步的论证。

II

8. 我一直在写得好像我们可以想当然地认为，人具有（我会说）蓝地感觉这样的感觉状态，并且关于这样的状态可能会是什么有普遍的认同。

9. 另一方面，我一直在强调，如果存在这样的感觉状态，那么关于这样一个状态的想法不要混淆关于觉知一个蓝地感觉为一个蓝地感觉的想法。

10. 如果存在蓝地感觉的状态，那么它们明显不自显为什么——不然就无法解释怎么会有关于它们实存的争论。

11. 如果我们觉知蓝地感觉的状态，那么我们（最多）觉知它们为蓝项——蓝的情况——而非为我们自己的状态。而且，我们（仿效摩尔）②论证了，觉知一个感觉为一个蓝的情况在逻辑上不同于这感觉

---

① 最近是在《自然主义与存在论：1974 年约翰·杜威讲座》(Reseda, CA, Ridgeview Publishing Co., 1980)。另见《科学与形而上学》(London: Routledge and Kegan Paul, 1967)。关于对觉知为的（从宽泛的行为主义视角来定位它的）论述，参见我的《行为主义、语言与意指》，载于《太平洋哲学季刊》,1(1980)。
② 参见第 I 讲的第 152—156 段。

本身。

12. 但我在剧透我的故事。为了看到为何是这样,我们得再看看辩证的早先阶段。我们来再次以显见意象开始考察感官性质在那个意象中的身份。

13. 想一想我的一个显见对象——一个粉红冰块——的老旧例子。它向我们自显为一个方块的粉红体域。确切地讲,我们在第一讲中看到,①它向标准条件下的标准感知者显现它的真粉红。这个粉红不在于能引起关于粉红的经验。更确切地说,我们认为这个冰块具有这个能力,因为它在当下的或非倾向的意义上是粉红的。

14. 继续我刚才在阐明的一点,我们觉知到的粉红体域不向我们自显为我们自己的一个感觉状态——纵然在一个长篇(又常见)故事的结尾会是那样。

15. 更确切地说,它向我们自显为——我们觉知它为——在物理空间中的那边紧挨着其他显现它们自己的颜色面域和体域的对象,包括我们的身体。

16. 现在,我们都知道,根据世界的科学意象,这粉红冰块由 H_2O 分子以及一些染料分子一起组成。当哲学家们尝试了将这个事实结合前文关于被经验到的冰块的描述,结果是他们非常容易陷入(长话短说)可以如下那样严控的一个复杂困惑模式。

17. 想一想以下四个命题,其中任何三个都与第四个不一致:

1. 一块冰可以在当下意义上是粉红的。
2. 一块冰等同一个由分子组成的整体。
3. H_2O 分子——或任何其他实有——在当下意义上是没有颜色的。
4. 一个整体不可以在当下意义上是有颜色的,除非它的最终部分是。

18. 当我们尝试直接回应这个不一致的四命题组时,我们面对四个

---

① 第 53—76 段。

替选。

Ⅰ. 接受 1、2、3；拒绝 4

Ⅱ. 接受 1、2、4；拒绝 3

Ⅲ. 接受 1、3、4；拒绝 2

Ⅳ. 接受 2、3、4；拒绝 1。

我将把Ⅰ称为突现主义的替选；把Ⅱ称为错失根本的替选；把Ⅲ称为工具主义的替选；把Ⅳ称为笛卡尔式的替选。

19. 在这些替选中，我打算不假思索地拒绝Ⅲ，即工具主义。换言之，我将假定（不论证①）科学实在论为真。

20. 我也将不考虑第二个替选，我称它错失根本。我将认为分子没有当下意义上的颜色是关于它们的一个概念真理。

21. 这留给我们替选Ⅰ和Ⅳ。但在考虑笛卡尔式的替选之前，我们来进一步看看Ⅰ。它相当于试着通过（可以说）迎头碰撞来联合两个意象的核心特征。

22. 这个立场，我们可能会称之为调和主义的科学实在论，似乎就这方块的当下粉红而言留给我们两个替选：

A：方块 O 的当下粉红，在 O 是粉红的在于这个事实（即它的部分分别具有某些属性且处于某些关系）的意义上，是 O 的一个可还原的属性。图式来讲，

$$\text{Pink}(O) = \sum \varphi_i x_i \cdot \sum R_j(x_i, x_j)$$

［译作：粉红的$(O) = \sum \varphi_i x_i \cdot \sum R_j(x_i, x_j)$］

在这里 O 是合取个体 $x_1 + x_2 + x_3 \cdots\cdots + x_n$，而"$\varphi_i$"和"$R_j$"表示它们满足的适当谓词。［比较

---

① 即不在这里论证。我在其他地方论证了这点，最近是在《科学实在论站得住脚吗？》，载于《科学哲学协会会刊》，第 2 卷(1976)。另见《科学实在论还是和平的工具主义》，载于罗伯特·J. 科恩和马克思·W. 瓦托夫斯基编辑的《波士顿科学哲学研究》(New York: Humanities Press, 1965)，转载于《哲学视角》(Springfield, IL, 1967)。

$$\text{Checkerboard}(O) = \sum (x_i \text{ is square} \cdot x_i \text{ is } \varphi_i) \cdot \sum R_j(x_i, x_j)$$

译作：西洋跳棋棋盘$(O) = \sum (x_i$ 是正方形的 $\cdot$ x_i 是 $\varphi_i) \cdot$ $\sum R_j(x_i, x_j)$

在这里"φ_i"表示任何一对对比颜色谓词中的每一个，在这里"$\sum R_j(x_i, x_j)$"告诉我们各组成部分适当排布。]

B：O 的当下粉红是 O 的一个整体论的或不可还原的属性。不过，这个属性很可能会关联 O 的一个可还原属性，例如一个在于它的部分例示某些电磁特性和关系的属性。

23. 当下粉红在替选 B 中的可还原关联项可能会由谓词"pink_R"（截然不同于绝对的"pink"）来表示。

24. 根据替选 A，当下粉红本身是一个可还原属性。根据替选 B，它以一个规律一样的方式关联一个可还原属性。这规律会具有形式

(x)Pink x $\equiv$ Pink_R x

25. 这两个替选都是令人困惑的。确切地讲，A 从表面上看是荒唐的，除非我们默认当下意义上的颜色是"φ_i"的值，即除非我们承认我们在考虑的 O 的部分——分子——具有当下意义上的颜色。我们肯定会争论，一个对象具有当下粉红怎么会在于关于它的部分的全都不牵涉当下颜色的事实?! 另一方面，如果我们允许当下颜色进入这些事实，那么我们反驳了我们认为的一个关于分子的概念真理。

26. 但我们选 B 似乎没有丝毫改善。因为它牵涉"突现"特性（在这个经常滥用的表达式的一个意义上）的概念，即整体的特性，其不在于它们的部分的特性和关系。① 换言之，它与逻辑原子主义的论点基于的直观有直接冲突。

---

① 当然，我在默许排除某些满足这个定义的特性，例如一个对象与不是它本身的一个真正部分的另一个对象处于某一关系的特性。用传统术语来讲，我在专注于整体的"内在"特性。

27. 不过,幸运的是,有别的方式来看调和主义的科学实在论,它会让我们继续深入辩证,同时避开关乎可还原性和逻辑原子主义的问题。

28. 因此,注意,我们一直在考虑的选项有这个共同事实,即它们用作为一个分子系统的可能属性的当下粉红来表述。

29. 不过,可以给这个调和主义的论点一个全然不同的表述;其将当下粉红(至少以它首要的存在方式)理解为不是一个属性,而一个物料——前苏格拉底、亚里士多德意义上的质料。

30. 因此,想一想下面对调和主义论点的重新表述:

I′:在这粉红冰块占据的区域有两个对象:(a)一个方块的粉红体域;(b)一个方块的由 H_2O 分子(加一些苯胺染料)组成的整体。

31. 在这个新框架中,之前提及的表面上将作为这冰块的一个属性的当下粉红和作为这分子整体的一个属性的可还原粉红关系起来的规律,被重新解释为一条将一个空间区域被一个粉红$_p$分子整体占据和它也被一个显见粉红体域占据关联起来的规律。

32. 注意,根据这幅图画,这粉红体域不等同这 H_2O 体域。更确切地说,是一个对象(它不是现实部分的整体,即这粉红体域)随附于另一个对象(这分子体域,它是现实部分的整体)。

33. 在这个框架中,作为这冰块的一个属性的当下粉红是一个满足谓词"is a cubical volume of pink"的殊相的衍生概念,它要用这冰块的配料来理解。①

34. 还要注意,在这个框架中与我们称为的笛卡尔式替选(Ⅳ)相对应的(首先)不是断言这冰块没有当下粉红的属性,而是断言这冰块所在的那边没有粉红体域。

---

① 一个具有这个形式的看法(它拒绝科学实在论)可能会认为这粉红冰块等同一个具有冰具有的因果特性(例如冷却热茶的特性)的粉红体域。如果同等处理这方块的显见的凉,那么我们面临对这凉方块和这粉红方块之间联系的理解问题。随着辩证继续,这个问题以其他的方式出现。

35. 这不该理解为否认经验包含任何可以合法称为的一个方块的粉红体域。它明显包含！它而是应该理解为认为我们自然趋向于认定事实上不是物理对象的构成的颜色体域和面域就是那样。这要怎么理解是辩证下一阶段的一个话题。

Ⅲ

36. 当我们着手（我们最终得这样）把感官印象看作理论建构时，会忍不住效仿一个常见范例，认为这理论引入一个新的实体领域，例如关于粉红体域的感觉，就像微观物理学引入一个新的实体领域，例如分子。

37. 我们会认为这理论发明了要由这些假定实体来满足的谓词并创立了描述其行为的原则，就像动力学理论发明了谓词并创立了关乎分子的原则。

38. 如果我们效仿这个范例，那么我们当然会倾向于承认这些谓词和原则并非凭空捏造。我们会强调模型和类比在理论概念生成中的角色。

39. 因此，我们会倾向于认为一个粉红感觉的粉红类似于一个显见粉红冰块的粉红，就像一个分子的弹性类似于一个网球的弹性。

40. 不过，我们会承认，将属性和行为归于感官印象（像将属性和行为归于分子一样）归根结底要完全用假定存在这样的项的解释力来证成。

41. 因此，被这范例所俘虏的人会轻易被导致去承认这假定的类比会仅就它们促成这理论的解释力而言被证成，也承认原则上感官印象不必具有以有趣的方式类似于显见对象属性的属性，微观物理粒子也不必具有以有趣的方式类似于中型物属性的属性。

42. 或者，以一个不那么极端——但与这问题的历史直接相关——的形式来讲这同一点，这位哲学家会不会被导致去承认某些复杂的物理主义属性（大致地讲，可用"第一性质"定义的属性）可能会既以有趣的方式类似于显见对象的可感知特征，也（在归给感官印象时）满足解释力的要求？并且还被导致去承认要求一个非物理主义属性扮演这些角色可能只是"图画思维"的另一例子？

43. 这样一个质疑的可能性应该表明，虽然上述探讨感官印象的策略很高明，但没有完全达成目标。

44. 不难看到出了什么问题。因为第一讲的论证①应该表明了感官印象的理论没有引入（例如）方块的粉红体域。它重新解释了我们感知觉知到的方块粉红体域的范畴身份。在显见意象中被设想为（在标准情况下）物理对象的构成和（在异常情况下）以某个方式"非实在的"或"虚幻的"之后，它们被重新范畴划分为感知者的感觉状态并在感知理论中被赋予各种解释角色。

45. 为了阐明这一点，我们使用范畴中立的（用经院哲学的术语来讲，超越的）表达式"实体"(entity)来指称它们。

46. 明显存在粉红体域。没有关于何物存在的清单可以有意指地否认那个事实。有问题的是它们在格局中的身份和功能。

47. 一个粉红感觉的粉红"类似"于一个显见粉红冰块的粉红，并非因为是一个不同的性质，其在某个方面类似于粉红（就像一个火星人在某些磁场中经验的性质就它在一个性质空间中的位置而言可能会类似于粉红），而是因为是相同的"内容"以一个不同的范畴"形式"。②

48. 关于"第二性质"的争论被极富成果地视为一系列重新范畴划分经验的特有可感特征的尝试。我这一讲的目的是利用之前讲座中阐述的概念和区分来阐述一个重新范畴划分，它解决一些（甚至全部）引起了这个争论的困惑——并附带解决感身问题。

---

① 尤其是参见第Ⅳ节。
② 显然，要讲明这个隐喻，就要有一个关于范畴（尤其是关于述谓和命题形式）的合格理论。关于近来这样一个理论的尝试，参见我的前文注释中引用的《自然主义与存在论》。

49. 但在我能承担这项任务之前,仍要探讨辩证的其他阶段。

IV

50. 在笛卡尔式的重新范畴划分中,这粉红方块,感知者认定它是他环境的一个特征,事实上是他自己的一个状态。

51. 感知者在标准条件下被一个分子整体(它是粉红$_p$的,因此在反射某一频率的电磁辐射)致使一个粉红方块地感觉。①

52. 在其他情境下,一个粉红方块地感觉的总原因可能牵涉一个对象(它不是粉红$_p$的)。确切地讲,它可能根本不牵涉外部对象,而是感知者有机体的一个异常状态。

53. 在所有这些情况中,感知者认定这粉红方块地感觉是外在物理空间中的一个粉红方块。②

54. 在这个阶段,笛卡尔主义者很可能遭受以下异议:"为了解释正常和异常感知之间的关系,将我们觉知到的粉红方块重新范畴划分为我们自己的一个感觉状态固然不错。但为何(就像你一样)进一步否认,无论我们的感知状态如何,当有一个粉红冰块在我们面前时,分子所在的地方有一个方块的粉红体域?"

55. 注意,这个异议没有采取如果笛卡尔主义者以前一节探讨的方式引入关于一个粉红方块的感觉作为新实体那么它就会采取的形式。在那个情况下,它就会读作:"引入关于一个粉红方块的感觉作为类似于粉红方块的附加项固然不错。但为何(就像你一样)进一步否认,分子所

---

① 埃德温·兰德的作品表明了,较之于被感知到的性质和冲击视网膜的辐射的波长或频率的简单关联,颜色感知的故事更加复杂。不过,他的理论引入的改进不影响我们关注的主要存在论问题。

② 这不衍推感知者相信外面那有一个粉红方块。这认定是一个命题殊型化,其实质上是一个回应。感知者是否会相信那边有一个粉红方块,这牵涉问答意义上的思想,截然不同于作为对一个刺激的概念回应的思想 p。

在的外面那有粉红方块？"

56. 这个异议想当然地认为粉红方块在范畴上适合那边物理空间。从这个视角看，异议者在索要一个好理由来否认分子所在的外面那有颜色表面和体域——纵然可能会有。

57. 在传统上，对这个异议的回答是，一个关于我们怎么会得到我们得到的感官印象的合格描述找不到什么功用适合作为物理对象的构成的颜色表面和体域。①

58. 这个答复实际上论证说，如果物理世界中要有特有可感特征，那么它们就是因果副现象的。它们不会在对物理对象就彼此而言或就它们作用有感知能力的有机体而言的因果特性的解释中扮演角色。

59. 在历史上，对这个"科学主义"答复的反驳发生了形而上学转向。

60. 比如，一些人论证说，"第一性质"是"数学的"或"结构的"，离开"内容"不能实存。感知经验给我们带来的内容只有特有可感项。因此，有好的哲学理由支持假定物理对象的第一性质会由特有可感内容（例如颜色）体现——纵然这些特有可感特征不在科学解释中扮演角色。

61. 对此，我们可以预料笛卡尔主义者答复说，我们完全可以设想在感官经验中找不到的内容特征。简言之，笛卡尔主义者会抨击"概念经验主义"。我这里将不再关注这个常见的讨论。

62. 其他人（例如詹姆斯·考恩曼）②论证说，这个纯粹事实，即常识相信物理对象具有特有可感特征，提供了一个初步理由来接受这个假设，即它们具有，纵然这些特征不在科学解释中扮演角色。

63. 这个步骤明显可能会有一个反驳步骤，其给出了一个比抽象诉求宽容原则更好的常识信念证成。

---

① 比较（例如）亚里士多德式类型理论，据此关于一个粉红方块的感官印象的标准原因会牵涉通过一个透明媒介传递特有可感形式粉红和共有可感形式方块以及眼睛接受它们。
② 在詹姆斯·考恩曼的《感知、常识与科学》(New Haven：Yale Univ. Press, 1975)。

64. 但所有这些辩证步骤它们的出发点都是针对笛卡尔主义者否认特有可感项在物理世界（那就是说，牵涉一个内置的在粉红方块——可以说它们位于物理空间——和关于一个粉红方块的感觉——作为感知者的状态，不可以那样说——之间范畴差异的那个）中实存的异议的第二个形式。

65. 因此，注意，如果我们把注意力转向这异议的第一个形式，那么情况截然不同。这次异议者在建议显见粉红方块可能会既作为物理空间中的对象实存也作为感知者的感觉状态实存。对此，笛卡尔主义者只需要答复说，如果我们感知觉知到的粉红方块是我们自己作为感知者的一个状态，那么它以及任何与之相似的都不会是物理空间中的对象。①

66. 然后，根据笛卡尔式的重新范畴划分，粉红方块的实存即被感知（*percipi*）或（使用一个不那么含糊的词项）被感觉（*sentiri*）。当然，已经强调过，我们没有感知觉知粉红方块为我们自己的状态，尽管它们事实上如此。我们得到：

τ：state of taking σ to be a volume of pink

（译作：τ：认定 σ 是一个粉红体域的状态）

σ：state of sensing a-cube-of-pinkly

（译作：σ：一个粉红方块地感觉的状态）

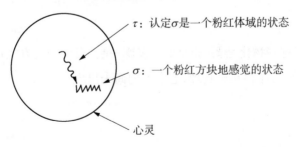

---

① 读者应该琢磨贝克莱的范畴断言"只有观念可以与观念相似"。笛卡尔阐明了一个（不那么经常被注意到的）相似观点。参见 E.S.霍尔丹和 G.T.R.罗斯翻译的《笛卡尔的哲学著述》LXX《哲学原理》，第 1 卷，第 249 页。

67. 当然,注意,到现在为止还没有时机来引入完全成熟的笛卡尔式二元论。因此,这感觉不必理解为一个真的不同于身体的实有的状态。

68. 这感觉(继续一个来自本文开篇段落的主题)也不必理解为一个人的心灵的状态。

69. 因此,一位亚里士多德主义者,他一直在关注上述辩证,可能会论证说一个感觉的存在论主体是一个人。确切地讲,他可能会补充说,正如一个人的心灵是一个具有概念能力的人,同样一个人的感灵(sensorium)是一个具有感觉能力的人。

70. 在这个情况下,他会说感官印象是一个人的感灵的状态。

71. 我会得到

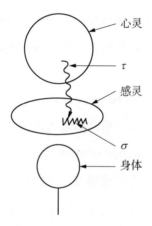

72. 但这些物化是要(和亚里士多德一起)当作表述方式还是要(和笛卡尔一起)当作存在论真理,这个问题尚未出现。

V

73. 不过,当我们考虑到科学意象很快可能会吞噬人这个事实时,它确实出现了。

III. 意识是物理的吗？ 075

74. 和之前一样继续在科学实在论的框架内工作，我们现在面对这个想法，即人具有现实部分——微观物理粒子。当我们试着调和这个想法与人的统一时，我们发现常见的策略。

75. 首先有实有二元论。心灵或（对我们而言）感灵被理解为一个非组合的实有，它密切相关一个物质实有，即身体；尤其是身体的一个真正部分，即中枢神经系统（CNS）。

76. 一个粉红方块地感觉的状态，其在辩证的前一阶段被理解为人的一个状态，现在被理解为一个组合状态，其中一个要素是感灵的一个状态，另一个是 CNS 的一个物理$_2$状态。① 前者被认为是原初粉红方块的最终范畴置换。

77. 这人一个粉红方块地感觉，由于包括一个感灵（它一个粉红方块地感觉）和一个 CNS（它处于一个相关联的物理$_2$状态，其可以用谓词"[senses a-cube-of-pinkly]$_p$"来表示）作为真正部分。

78. 正如在关乎这个粉红冰块的辩证的前笛卡尔阶段，我们被导致想到

(x) Pink x ≡ Pink$_p$ x

［译作：(x) 粉红的 x ≡ 粉红$_p$ 的 x］

或（粉红料的版本）

Region R contains a cube of pink ≡ R contains a Pink volume of molecules

（译作：区域 R 包含一个粉红方块 ≡ R 包含一个粉红的分子体域）

这样的法则，同样我们现在会想到

Sensorium is sensing a-cube-of-pinkly ≡ CNS$_i$ is ［sensing a-cube-

---

① 大致地讲，那些对象特征是物理$_2$的，它们原则上可用在有感觉能力的有机体出现之前的世界中例示的属性（即描述和解释"纯粹物质"之物的行为的充要属性）来定义。另一方面，物理$_1$特征是任何属于因果次序的特征。我在明尼苏达科学哲学中心关于心身问题的讨论中引入了这个术语。

of-pinkly$]_p$

（译作：感灵在一个粉红方块地感觉≡CNS_i 在[一个粉红方块地感觉]$_p$）

或（使用一幅图画）

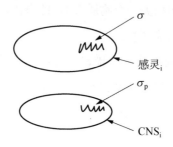

这样的法则。

79. 初步看来，第二个替选是还原的唯物主义。据此，一个人是一个复杂的微观物理粒子系统，当一个人一个粉红方块地感觉，真实发生的在于这个微观物理粒子系统处于一个复杂的物理$_2$状态。

80. 不过，这个立场，在辩证的这个阶段出来，是荒唐的，读者回顾第Ⅲ节可以轻松看到。因为在提供给我们的不再是重新范畴划分原初实体（即一个没有问题的粉红方块），而是重新范畴划分一个据称假定的实体（即一个关于一个粉红方块的感官印象）。第Ⅲ节的第 40—42 段确定了还原唯物主义中的错误。

81. 经常混淆还原唯物主义的是一个关于一个粉红方块地感觉的身份的存在论论点。

82. 这个论点（可以说）并非一个人的所有状态——包括感觉——都是虚空中的原子的复杂运动，而是这个论点，即相关的对象只有虚空中的原子。一个粉红方块地感觉是一个状态，而非一个对象。

83. 因此这论点的效力是否认当一个人一个粉红方块地感觉时有一个作为对象的粉红方块。它是对作为现象殊相的"感觉材料"的抨击。

84. 在明确了感觉状态不是微观物理粒子系统的一个可还原的或物理₂的状态之后,这立场原来是一位老朋友:突现的(或整体论的)唯物主义。

85. 据此,一个粉红方块地感觉是这物理系统的一个状态,即 σ,它关联(但不可还原为)这系统的一个复杂物理₂状态,即 σₚ。

86. 图画来讲:

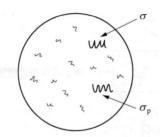

系统处于状态 σ≡系统处于状态 σₚ

87. 显然,这个立场和上述二元立场之间的不同是纯粹存在论的。后者的基本对象既包括微观物理粒子也包括感灵(或心灵,如果你喜欢的话)。整体论唯物主义的存在论只包括微观物理粒子。

88. 第三个常见的存在论策略是副现象论。它像实有二元论一样有两个基本的对象范畴。不过这次的非物质对象不是感灵,而是感觉殊相或(它们被称为)感材(*sensa*)。①

89. 当然,在一个意义上,副现象论是二元论的一个形式;但不是实

---

① 这术语得盯紧,因为很多哲学家用——而且仍在用——词项"感材"来代表一个(理解为一种特殊的觉知为的)感觉动作的对象。关于感觉动作的谈论很多是很有问题的。[参见我的《感材还是感觉:关于感知存在论的反思》,载于凯斯·雷尔编辑的《詹姆斯·考恩曼纪念文集》(Dordrecht, Holland; 1981)。]关键点在于,这样理解的感觉是一个认识的而非(我们理解的)存在的观念。感觉一个粉红方块(和我们一直的使用一样)不是觉知一个粉红方块为一个粉红方块,而就是被感觉到的粉红方块的"存在方式"。要不是因为动作-内容的术语和动作-对象的一样至少是令人烦恼的,我就使用艾耶尔细心引入的表达式"感觉内容"了。

有二元论的,因为它不将它的可感项理解为一个实有——感灵——的状态。

90. 在我们的图画中,我们会得到——我加入了觉知为的心理(概念)动作来强调前文脚注阐明的观点:

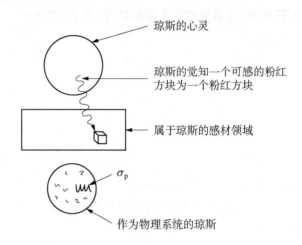

觉知一个可感的粉红方块为一个粉红方块

琼斯的心灵

属于琼斯的感材领域

作为物理系统的琼斯

91. 注意,尽管我将一个心灵引入了图画,但没有确定它的存在论身份。我本文不是在应对心身问题。就我说过的话而言,概念动作可能会是一个高度有序的微观物理粒子系统的复杂物理$_2$状态。

92. 在这个存在论框架中,一个人一个粉红方块地感觉的继任概念(范畴置换)是一个由作为一个复杂物理系统的身体处于物理$_2$状态 σ_p 和实存一个相关联的可感粉红方块组成的组合事态的概念。

93. 这次法则("心理-物理的规律")采取的形式是在(一方面)这物理系统的某些状态(即之前示意图的 σ_p)和(另一方面)属于此人(其身体

是相关的物理系统)的感材的种类以及可感关系之间的关联。

94. 大致地讲,属于一个人的感材领域由这些身体状态"致使"或"产生"的感材组成。

95. 副现象论者在谈及这方面的因果性时经历的尴尬众人皆知。而如果我们反思它,那么我们会洞见一个主题,它也潜藏于实有二元论和整体论唯物主义的古典形式中,但它在副现象论的情况中最为清楚。这个洞见会将我们带到辩证的最后阶段——至少是我这里将追问它到的最后阶段。

96. 副现象论的一个定义特征是,说到 CNS 的物理$_2$ 状态序列牵涉的因果性,感材本身可以说是多余的。我们得到常见图画:

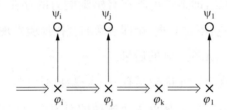

在这里"φ"表示 CNS 的物理$_2$ 状态,"ψ"表示相关联的可感对象的模式。

97. 其想法是,另一个在前面的 φ 状态的发生足够解释一个 φ 状态的发生,不必提到相关联的 ψ 对象。因此(原则上)①需要诉求的法则只有用 φ 状态表述的规律。

98. 当然,在休谟意义上会有具有形式

$$\langle \varphi_i, \psi_i \text{ 在 } t \rangle \equiv \langle \varphi_j, \psi_j \text{ 在 } t' \rangle$$

的"因果规律",从而〈φ_i, ψ_i 在 t〉,确切地讲,[凭借关乎 ψ 对象随附性的规律:

---

① 得记得,副现象论,和实有二元论和整体论唯物主义一样,是一个哲学的(确切地讲,一个形而上学的)妙招——不属于科学理论。当科学家们像这样想时,他们在采取一个哲学立场。这一点的重要性马上会显露。

$$\langle \varphi_i \text{ 在 } t \rangle \equiv \langle \psi_i \text{ 在 } t \rangle$$

$$\langle \varphi_j \text{ 在 } t' \rangle \equiv \langle \psi_j \text{ 在 } t' \rangle]$$

$\langle \varphi_i$ 在 $t\rangle$ 和 $\langle \psi_i$ 在 $t\rangle$，会在休谟意义上对于 $\langle \varphi_j, \psi_j$ 在 $t'\rangle$、$\langle \varphi_j$ 在 $t'\rangle$ 和 $\langle \psi_j$ 在 $t'\rangle$ 是"充要的"。①

99. 但承认这些休谟式齐一性不该掩盖这个事实，即从解释的立场看 φ 状态正在扮演基本角色。因为（a）φ 状态规律是自主的，即自立；（b）ψ 对象序列本身用 φ 状态规律和 φ-ψ 随附性规律解释。

Ⅵ

100. 这个想法，即感觉项不在有感觉能力的存在的身体行为中扮演实质的因果角色，不是心理-物理学家的直接经验发现，而是近代早期具有的关于人的二元论图画的后果。

101. 诚然，这个二元论确实有一个经验核心，但这个核心不直接是心理-物理学的问题，而是从就无机领域的对象而言用机械论变项作解释的充分性作出的推论。

102. 机械论变项的这个充分性，结合物理对象几乎可以感觉到的物性（*thingishness*），以及因果作用范例，使得难以设想一个因果模式，一个物质粒子系统的发展可能会以这个模式受到非物质项——不管是"心灵"的状态还是霍布斯式对象（"显象"）——的影响。

103. 这个困难让人忍不住将机械解释的自主性扩展到有感觉能力的存在的身体。它们作为身体只不过是极其复杂的物质粒子系统。

104. 特有可感项——例如颜色——可以与心理-物理规律中的机械论变项一起以这样一个方式，即机械变项自己就充要条件而言不构成一个封闭系统（就像它们之于副现象论一样），发挥功能（鉴于今天的范

---

① 为了简而言之——因为我想阐明的观点都不取决于此——我将假定没有"多种原因"。

例)和相容论试着将特有可感项加入运动规律一样没有科学意义。

105. 注意,在人的行动的语境中出现了一个并行问题。近代的(而不是神学的)的自由意志问题以这个形式出现:鉴于物理的因果自主性,有意识的决断怎么会引起变化?它们不得有物理对应,即(用笛卡尔式术语来讲)"物质决断",①作为有目的行为发展中的充要因果环节。②莱布尼茨的"前定和谐"反映了当时流行的对感觉意识的处理。③

106. 副现象论将我一直称为的机械自主性最为齐整地翻译为存在论的语言。"副现象"的范畴物化特有可感项的因果无能,而实有二元论和整体论唯物主义没有这样。

107. 毕竟,感灵可以通过幽灵作用来干预 CNS "机器",正如心灵被(交互论者)设想为凭借它们的欲望、情感和决断来干预。

108. 而特有可感变项可以在关乎 CNS 物质状态的规律中扮演实质角色,就像很多整体论唯物主义者设想的有意识的思想一样。④

109. 但事实上,出于第 105 段强调的理由,无论他们支持哪个存在论,关于机械自主性的科学理念论使他们都将意识的感觉特征设想为服从具有可能会称为副现象论形式的心理-物理的规律。

110. 在实有二元论者看来,"φ"会表示 CNS 的状态,"ψ"会表示感

---

① 比较笛卡尔使用短语"物质观念"指称与心灵中有意识的感觉相对应的松果腺状态。
② 值得琢磨斯宾诺莎的评论,大意为"迄今没人得到关于身体机制的准确知识,使得他可以解释它的所有功能……"(《伦理学》第Ⅲ部分命题Ⅱ[附释])。实际上,他在论证说,虽然我们在科学上不——至少尚不——能够具体设想身体的那类可以作为有目的的行为的充分原因的物质状态,但是不能出于逻辑的或经验的理由排除存在这样一个状态的可能性,而系统的考虑要求这个可能性。
③ 在康德研究者看来应该明显的是,他给自由意志问题的答案实质上与莱布尼茨和斯宾诺莎的一样,但没有神学暗示。在康德看来,就像在斯宾诺莎看来一样,不能表明在要求的意义上存在决断的物质对应是不可能的就够了。当然,当问题就一般来讲的理性思想而言提出来时,康德陷入了深层的困境。
④ 当然,坚定的唯物主义者将思想设想为等同大脑的物质状态,就此而言它们的因果性就是一种物理$_2$变项的功能关联。提到的整体论唯物主义者实际上是交互论二元论者的形而上学近亲。后者物化全然不同种类的(心理的和物质的)变项的功能关联,通过将作为状态的它们赋予不同的实有(心灵、身体)。

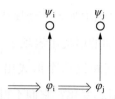

灵的状态。在整体论唯物主义者看来,"φ"会表示 CNS 的物理$_2$ 状态;"ψ"会表示 CNS 的特有可感状态(它们是物理的,但不是物理$_2$ 的)。示意图是相同的;只有存在论是不同的。

Ⅶ

111. 在上一讲,我简述了绝对过程的存在论。如果我们重视它,那么我们不再承诺(一方面)对象以及绑定对象的过程和(另一方面)绝对过程之间的截然存在论区分。

112. 对象及绑定对象的过程(用传统术语来讲)会是绝对过程的"逻辑建构",即绝对过程的模式。

113. 物理$_2$ 对象会是现实的和反事实的物理$_2$ 绝对过程(即足以构成在非生物和无感觉有机体中的发生的绝对过程)的模式。我来将它们称为 $φ_2$ 动作($φ_2$-ings)。

114. 到底存在什么 $φ_2$ 动作,这是最终科学真理的事。我们非皮尔士主义者只能给它们加以这个限制,即它们是各类许可定义首先近乎于像当代理论的微观物理粒子一样行为的结构的绝对过程。幽默地讲,我们可能会将它们称为电子动作(electronings)和夸克动作(quarkings)。

115. 除了 $φ_2$ 动作之外,绝对过程的领域还会包括 σ 动作(σ-ings)(例如 C$^\#$ 响、红着),即感材在绝对过程框架中的置换。

116. 从科学实在论的视角琢磨感身问题以及当问题被阐述到这个存在论转折点时对它的辩证结构产生共鸣的哲学家很可能发现,他们一直在认为 CNS 由对象组成［例如神经元,神经元由分子组成,分子由（比如）夸克组成……］,认为相关的物理$_2$过程是绑定对象的过程。

117. 因此他们一直在认为存在论的副现象论的一个形式是理所当然的。"副现象"的范畴以这个形式会兑现为绝对感觉过程的范畴,传统"副现象"和"运动质料"二元论会被(更精辟地)看作绝对过程和神经元、分子或(比如)夸克这样的对象的 V 动作之间的差异。

118. 因此,他们会保留第 109 段的示意图,但将"φ"重新解释为代表在 CNS 中的绑定对象的物理$_2$过程,"ψ"代表确定种类的绝对感觉过程。

119. 但如果他们要(当然,按照计划)接受绝对过程的存在论,那么他们会立即失去这最后的形而上学二元论庇护。如果微观物理学的粒子是现实的和反事实的 φ$_2$ 动作的模式,那么帮助和慰藉副现象论的范畴二元论(确切地讲,先验二元论)就这样消失了。

120. 而一旦这幅图画不在了,他们就能够意识到这个想法,即基本"心理-物理的"规律具有一个副现象论形式,是一个思辨科学假设,它主要依靠我们一直在探讨的各种形而上学考虑。

121. 心理-物理的理论,当它被彻底实证,的的确确衍推关乎 σ 动作发生的齐一性具体说明它们在 φ$_2$ 动作——它们属于构成各种神经生理学过程的绝对过程的模式——的语境中发生。

122. 它不要求这些 φ$_2$ 动作是在法则上自主的。

123. 它也不要求有 φ$_2$ 动作作为构成的神经生理学对象只有 φ$_2$ 动作作为构成。σ 动作可以在一个合法意义上是神经生理学对象的构成。

124. 那就是说,当代神经生理学理论的对象被认为由神经元组成,神经元由分子组成,分子由夸克组成……——全是物理$_2$对象——而一个用绝对过程(既有 φ$_2$ 动作也有 σ 动作)表述的理想继任理论可能会这样构成它的某些"对象"(例如视觉皮层中的神经元),即它们有 σ 动作作为成分,①在这方面不同于纯粹物理₂结构。

125. 通往人的捆束理论之路会开放。一个人就是一捆绝对过程,既有 φ_2 动作也有 σ 动作。②

126. 注意,σ 动作会是物理的,不但在弱意义上,即不是心理的(概念的),③因为它们没有意向性,而且在更丰富的意义上,即在有感觉能力的有机体的行为中扮演真正的因果角色。它们会是(我使用的)物理₁的,但不是物理₂的。它们不是副现象的,因此会符合一个基本的形而上学直观:存在即引起变化(to be is to make a difference)。④

127. 因此,对本文标题的问题的回答就感觉意识而言是肯定的。至于进一步的问题,即"概念意识是物理的吗?"得遵循一个全新的辩证。我在一些地方阐述了这个辩证的主线,最为广泛的是在《科学与形而上学》和《自然主义与存在论》。

VIII

128. 作为结论指出本文与前文一起可以理解为重述和改进"哲学与人的科学意象"⑤的论证可能会是有益的。它应该对理解我在以下出自那篇文章的(相当隐晦的)段落中试着说的话有些帮助:⑥

---

① 而非(当然)任何日常意义上的部分。参见我的《科学、感知与实在》(London: Routledge and Kegan Paul, 1963)第 105 页。此后引作 *SPR*。
② 反思应该表明,休谟捆束理论的主要缺点是他只列入感觉项(印象和观念),而自我的统一——它面临的因果——要求列入身体状态;用我们的语言来讲,有 σ 动作也有 φ_2 动作。
③ 毕竟,"物理的"在传统上发挥对比词项的功能。
④ 比较柏拉图:"我们宣称(即使是丝毫的)作用和被作用力量的显现是一类令人满意的存在定义。"《智者篇》,248C; H. N. 福勒译(London: Loeb Classical Library — Heineman, Ltd., 1961)。
⑤ 罗伯特·科洛德尼编辑的《科学与哲学前沿》(Pittsburgh: Univ. of Pittsburgh Press, 1962)(作为第 1 章转载于 *SPR*)。
⑥ *SPR*,第 37 页。

还有别的选择吗？只要科学意象的最终构成是（生成越来越复杂的粒子系统的）粒子，我们就不可避免地面临上述选择。但科学意象尚不完整；我们尚未洞穿自然的全部奥秘。如果证明粒子可以视为一个时空连续体（其可以——至少在无机语境中——在概念上无重大损失地"切"成交互粒子）中的单体，而不是科学意象的原始实体，那么我们不会在神经生理学层级面临对（最终同质的）感觉意识和粒子系统关系的理解问题。更确切地说，我们就可以选择说，尽管出于很多目的中枢神经系统可以无损地理解为一个复杂的物理粒子系统，但说到对感觉意识和神经生理学过程关系的合格理解，我们得深入到粒子意象的非粒子基础，并承认在这个非粒子意象中，感官性质是自然过程（其发生仅与那些复杂物理过程有关，即当用作为物理过程最小公分母的特征——在无机和有机过程中都显现——"切"成粒子时它们就变成在当前科学意象中是中枢神经系统的复杂粒子系统）的一个维度。

威尔弗里德·塞拉斯

匹兹堡大学

答复塞拉斯

塞拉斯在他的卡卢斯讲座中论述了多种多样的哲学问题，他就那些问题谈论的一切都值得格外细心的关注。不过，我似乎适合就他的第一讲，他称之为"阿基米德的杠杆"，作出我的评论。他称赞了我，把我的一篇论文，即1964年在《哲学杂志》发表的《融贯性、确定性与认识在先性》，作为这一讲的出发点。尽管这篇论文探讨了非常一般的概念问题和认识论问题，但是它的导向受到了这个事实（即它是为C.I.刘易斯哲学纪念研讨会而写）的影响。

刘易斯认为融贯论否认他称为"所予"的东西实存；塞拉斯因此说我在我的论文中注重探讨在强调所予的认识论理论和强调融贯的认识论理论之间的差异。不过，应该指出，我在我自己探讨将融贯论与其替选区分开来的问题时避开了词项"所予"。这个词项，以及像"感觉材料"一样的词项，有时具有因果蕴涵。坚持在感知经验中有什么所予，可能会是坚持感知经验有一个构成不受感知者的信念、态度以及其他心理学状态的影响。这个因果学说当然受到了格式塔心理学家等的——在我看来是令人信服的——质疑。① 不过，基本的认识论问题仍然没变。我们仍可以问，一些我们关于感官经验（不管感官经验是怎么形成的）的信念是否比我们可以用它们怎么在推论上融贯其他信念来解释的更有担保。如果它们有甚至一丝这样的非推论的（或"初始的"）担保，那么我在我的论文中定义的纯粹证成融贯论为假。

---

① 参见我的《感觉材料与被感知项理论》，《心灵》，第58卷（1949），第59卷（1950）。

为了使之更明确，我们来假定我现在在看一个红苹果，并且正确地（因为光照以及其他观察条件是有利的）相信有一个红苹果在我前面。这个信念是刘易斯称为的客观信念（判断）的一个例子。它的担保全是推论的。我还有数不清的其他信念，我们来假定其中包括这个信念，即相信我似乎看到红的什么（刘易斯的术语）或（用我更喜欢的语型来讲）看上去好像我正看到红的什么（it *looks as if* I am seeing something red）。① 像这样的信念（我们可以以某种"看上去"术语来表述它们）是刘易斯称为的表达判断。如果这些表达判断的一些或者全部具有某个程度的初始担保，那么纯粹证成融贯论为假。

那与这个关于证成的基本问题相关系的概念融贯论（它引起了我和塞拉斯正在讨论的问题）呢？

显然，如果表达判断逻辑衍推客观判断，那么刘易斯不能作出他需要在客观判断和表达判断之间作出的区分。假定可以表明"看上去"概念（我要相信看上去好像我正看到红的什么就得拥有这概念）在逻辑上可用相应的"是"概念[相信在我前面的苹果（真的）是红的必需的概念]分析。假定因此在逻辑上不可能相信看上去好像我正看到红的什么而不因此相信关于（真的）红的对象的什么——例如，实存一些对象真的是红的，或者红的对象有时看上去是红的有时看上去不是红的，甚至可能是如果任何对象要是红的，那么它会具有某些因果特征（例如会在标准观察条件下看上去是红的）。就此而言刘易斯会犯下两个严重错误，一个是概念的，另一个是认识论的。因为（1）根据他的"感官意指"理论，是"看上去"概念，而非"是"概念，具有逻辑在先性：所有客观判断可分析

---

① 据我对这个语型——它有其类似的非视觉感官模态（"听上去好像我正听……"等）——的理解，以下陈述为真："有些时候，当看上去好像我正看到（I am seeing）红的什么，我确实看到红的什么；但在其他这样的时候，我没有。"因此，注意一定不要像塞拉斯在他第一讲第11段中一样用反事实的"were"代替"am"。顺便说一下，同学们告诉我，如果我想要使用更日常的英语，我应该说"It looks like I'm seeing something red"。

为(可用"表达语言"陈述的)反事实的"终端判断"。而且(2)他不再能够作出他需要为他的证成理论作出的认识论区分。如果刘易斯错误颠倒了概念在先性的顺序，那么表达判断会衍推(并因此是)其担保依靠融贯的客观判断。

现在，我定义的概念融贯论不蕴涵这两个相反的概念在先性学说中的任何一个。不过，它蕴涵在"看上去"概念和"是"概念之间有一个逻辑关系，使得我们不能拥有前者没有后者，也不能拥有后者没有前者。我们可能会说，它蕴涵一个逻辑的"对比依靠"。但连这也可能会看起来不兼容刘易斯的感官意指理论。因为，除非在我们拥有"是"概念之前拥有"看上去"概念在逻辑上是可能的，否则怎么可以说前者完全可用后者分析呢？当然，可以要求坚持"看上去"概念完全可用"是"概念分析的哲学家回答类似的问题。概念融贯论使两个立场都陷入了悖论。

我在试着为刘易斯辩护时没有怀疑概念融贯论(不管它多么可疑)的有效性。相反，我提出刘易斯可以始终承认我们的"看上去"语型和相应的"是"语型日常用来表达在逻辑上对比依靠的概念。那么关键问题就是我们是否还有更"原始的"概念——塞拉斯贴切地称为"原初概念"——不是这样对比依靠相应的"是"概念，而是仍以一个证成(我在我的原文中)称其为"看上去"概念的原始形式的方式关系我们精深的"看上去"概念。① 我们能理解一个儿童拥有这样的概念而不拥有我们精深的"看上去"概念或我们精深的"是"概念会是怎样吗？要是能，刘易斯就可以这样说来中立概念融贯论：对于我们的表达判断我们需要的只是这些"原始"概念——如果我们甚至可以假定儿童得到它们，那么我们自己现在必须拥有这些概念。

---

① 我希望，这个术语预先阻止这个异议，即不可以将一个概念称为"看上去"概念，即使带有限定形容词"原始的"，如果它缺乏某个之于我们(成人)对语词"看上去"的使用必不可少的特征的话。因为我认为这样说似乎不古怪："在这些洞穴壁画中看到的对称尖木料，尽管还不是独木舟，却是独木舟的原始形式。"

我不认为我到现在为止所说的和塞拉斯自己在他的第一讲第Ⅰ部分从第 8 段到第 18 段对相关问题的陈述有任何严重分歧。但从那以后他以一个我不能接受的方式"解析"我的论证。我们看到,表达判断需要的原始"看上去"概念得使我们以及我们想象的儿童得到不衍推关于物理对象的信念的信念。但塞拉斯(第 19 段)认为我归给儿童的两个原初概念中的第二个——"一个对象引起一个红的经验的"概念——显然不是这样一个概念。这个信念,即相信一个对象引起我的红的经验,是刘易斯会称为的"客观"判断。它衍推这个信念,即相信实存一个物理对象。而且,即使我们让事情再复杂一些,假定"对象"的原初概念区别于物理对象的概念,这个信念仍是一个关于因果引起的信念,从而不算作一个表达判断。这个对我的论证的误解几乎影响了塞拉斯后来就它谈论的一切,不仅这一讲整个第Ⅰ部分他对这个论证的阐述,还有第Ⅱ部分他在他的立场和我的之间作出的比较。这对于读者来说显而易见,我就不再谈它了。①

但怎么看塞拉斯(第 19 段)认为我归给儿童的两个原初概念中的第一个——"一个关于红的经验"的概念？我觉得这同样难以接受,因为词项"经验"表明我们在尝试通过谈论原初概念来中立的这种对比依靠。经验(除非我们用这词项意指类似詹姆斯的"纯粹经验")被我们设想为与"客观的"相对的"主观的"什么。事实上可能没有什么论证"看上去"概念对比依靠"是"概念(反之亦然)的方式,比论证相应的(不过更一般的)两个概念"主观的"和"客观的"的对比依靠更好。要中立概念融贯论,我们得辨认出比任何牵涉主客区分的概念更原始的概念。

---

① 我现在明白我错在尝试通过使用词项"是红的"和"看上去是红的"表示刘易斯要求的在"是"概念和"看上去"概念之间的区分来缩写我在《融贯性、确定性与认识在先性》中的评论。因为,如果儿童相信实存一个之于他看上去是红的的对象,那么他的信念在我指出的两个方面不是一个表达判断。为避免误解,我本该继续使用完整陈述"看上去好像我正看到红的什么"。这不衍推实存一个之于我看上去是红的的对象。

为此，我们可能会中立地谈及事态。那我们的问题就是这个：我们能理解儿童辨识某一事态会是怎样吗？我们可以通过说"看上去好像我正看到红的什么"来将这事态范畴划分为一个经验或一个经验动作，可是儿童缺乏精深的"看上去"概念和对比的"是"概念。这问题当然不是一个关于儿童心理学的问题。我们不是在问儿童是否事实上能够辨识这样一个事态。它也不是一个认识问题。我们不是在问什么证据会证成这个结论，即儿童能够辨识这样一个事态。要紧的只是我们的概念，即我们辨认某一事态从而怀有关于儿童的某一假设的能力。然而如果我们想象一个实验可能会使问题更具体，其中各种各样颜色的对象在各种各样的观察条件（既有正常的也有异常的）下在儿童前面一个一个地举起。我们来假定儿童发声单个语词"红的"，当（且仅当）我们认为我们（如果以相同方式刺激）可以真诚地说"看上去好像我正看到红的什么"。例如，儿童说"红的"，当面对正常条件下一个红的对象，还当面对红光照射下一个白的对象。

现在，不管对儿童行为的最佳解释是什么（这不是问题），我们都可以问是否可以假设(1)儿童当时说"红的"因为他相信在那些时候某一事态实存，(2)儿童可以像成人一样通过说"看上去好像我正看到红的什么"来将这个事态正确地范畴划分为主观的，不过(3)儿童缺乏他会像成人一样得到的精深的"看上去"概念和对比的"是"概念。在我看来清楚的是，回答是可以。我们能够辨认出（根据这个假设）儿童当他说"红的"时辨识的事态。因此，我们自己得到这假设归给儿童的原始"看上去"概念。（这不是暗示我们知道怎么分析这个概念甚至知道它是可分析的。除非我们使用一种像罗素的"Red here now"一样的儿语，否则我们可能会难以找到词句来描述儿童当他说"红的"时应该得到的信念。但这个事实只是渲染论点。）我认为我们理解儿童辨识相关的事态而不作主客观区分会是怎样。他没有将这个事态归类为一个感觉或得到一个经验，归类为主观的或归类为客观的。他缺乏必要的概念。但如果我们在教他讲英语,他说"红的"而非"绿的"或"蓝的"或"热的"或"冷的",那他确实以一个会让我们满意的方式将其归类。这样一个儿童会在学使用精深术语[其使我们能够说(例如)有时看上去是红的物不是真的红的]时迈出重要一步。

如果我对此是对的,那么刘易斯的意指理论和他的知识论(不管它们有什么其他缺陷)不能通过诉求"看上去"概念之于"是"概念的对比依靠来动摇。不管该从这个依靠推出什么危险后果,刘易斯仅仅用他举例刻画(他的意指理论和他的知识论必不可少的)"表达判断"的方式就可以中立。刘易斯可以说,有时通过说"看上去好像我正看到红的什么"来表述一个这样的表达判断(称之为 J)是便捷的,因为我事实上确实作出这个判断 J(像成人一样),当且仅当我相信看上去好像我正看到红的什么。除非我们发明一个像罗素的"Red here now"一样的语型(那就得解释它的意指),否则我们不使用带有其全部概念预设的成人语言就不能轻易表述 J。但不该推断表达判断 J 是这个判断或信念,即看上去好像我正看到红的什么。我(刘易斯),至少为了论证,可以始终承认这个(成人)信念预设表达判断 J 不预设的某些概念区分(例如主客观之分)。因为我们在我们作一个像 J 一样的真正表达判断时判断实存的是这样一个事态:我们可以(甚至像成人一样)辨识,而没有因此将其归类为一个感觉、一个经验,归类为主观的、依靠心灵的等等的什么(即没有这作为辨识的一个必要条件)。①

* * *

我现已尽我所能展开我的原论证,表明刘易斯关于意指和知识的理论怎么会抵御这个异议,即"看上去"概念对比依靠"是"概念。我到此自然告一段落。但在继续读塞拉斯第一讲的第Ⅱ和第Ⅲ部分(在这里他说

---

① 尽管刘易斯事实上没有这样明确论证,但是我认为刘易斯在他的《心灵与世界次序》[New York: Charles Scribner's Sons, 1929 (reprinted New York: Dover Publications, 1956)]第 412—427 页附录 D("心灵的自我知识")中说的大部分话预设这个结论。

他自己的立场是他归给我的立场的一个替选）时，我很好奇他在何种程度上看起来赞同我为刘易斯作出的辩护。或许与此有关的一些结语会有助于阐明问题。

在第Ⅱ部分开始，塞拉斯再次（错误地）断定，我归给儿童的原初概念是"关于红的经验"的概念（第 41 段）或（用另一术语来讲）"红地感觉"的概念（第 43 段）。塞拉斯说似乎不可以认为这些是原初概念，我完全赞同他。我试过表明它们不是会使刘易斯中立"看上去"概念和"是"概念（主观的和客观的）对比依靠的概念。我也赞同塞拉斯（第 44 段）下述原则体现一个谬论（我认为在现在的语境中很可能会称之为概念反向投射谬论）："如果一个人直接觉知具有范畴身份 C 的一项，那么这人觉知它为具有范畴身份 C。"事实上我就原始"看上去"概念谈论的一切预设这条原则为假。一个原始"看上去"概念，它不将一个状态归类为（与客观的相对的）主观的，即使那个事态可能事实上是主观的，即使我们可能（像成人一样）将其归类为主观的。

那什么问题——如果有的话——把我们分开了？

如果我们足够宽泛地使用词项"现象学"，那么我认为塞拉斯将这问题理解为它关于儿童在儿童习得我们成人的"看上去"和"是"概念之前的信念的现象学。用我自己的例子来讲，塞拉斯想要具体说明这到底是怎么一回事：儿童当他在我描述的实验期间时不时发声单个语词"红的"的时候相信。与他归给我的立场相对，塞拉斯阐述了一个关于儿童信念的详尽描述，其（就像第 61 段中总结的一样）预设六个原初概念："红料面域""红料体域""将什么看作一个物理对象的构成"等。然后他在这讲的剩余部分专门论述这个现象学描述的蕴涵和优点。

现在我不是想要贬低塞拉斯这里为他自己布置的任务的哲学重要性。我希望他称为朱尼尔的儿童再稍微年幼些，因为我看不出来朱尼尔的六个原初概念全都足够原始来以刘易斯的表达判断要求的方式中立主客观的区分。即便如此，我也觉得塞拉斯说的有趣也挑衅，我想找时间在别的语境讨论它。不过，我(在我的原文或在这些现时评论中)到目前为止说的没有什么意在暗示任何关于我们假设的儿童当他说"红的"时相信什么的具体现象学描述。当然他确实相信什么，因为这假设的一部分是每当儿童说"红的"时他辨识某一事态。他相信那个事态实存。而且，根据假设他所相信的受到三个限制。(i)必须是他不得到我们成人的"看上去"和"是"概念也能相信的。因为不然就不能论证说，儿童得到一个没有主客观对比依靠的原始概念。(ii)儿童相信实存的事态必须是儿童即使他是成人也可以辨认出的。因为不然就不能论证说，我们成人理解怎么解释刘易斯称为"表达的"从而没有主客观对比依靠的判断。(iii)这事态必须是我们成人(不过当然不是我们假设的儿童)可以将其正确归类为主观的。它必须是这样一个事态，即每当它实存时儿童(只要他得到我们成人的概念)可以将其归类为主观的，而且它会使儿童(只要他知道怎么像成人一样讲话)真诚地断定"看上去好像我正看到红的什么"。不然就没有理由说儿童的原始概念是看上去概念的一个原始形式，而非是概念的一个原始形式。如果这三个限制得到满足，那么任何别的关于儿童原始概念的可能谈论，以及任何关于儿童信念的现象学描述，都会在逻辑上兼容我用来为刘易斯辩护的论证。

我认为，塞拉斯自己接受所有这三个对他归给朱尼尔的信念的限制。换言之，我认为，他给他用六个原初概念来分析的(朱尼尔的)信念施加了同样这些限制。(例如)当第48段结合第62段的时候他似乎十分明确地接受(i)。因为他在第48段指出朱尼尔的红的原初概念不是一个经验动作种类的概念，还在第62段指出它先于一个物理对象是红的的概念。① 我认为他必须接受(ii)，因为除非他可以辨认出儿童相信实存的事态，否则他根本不能指望对儿童相信什么给出一个分析。而且我认为(不过不太确信)他接受(iii)。因为，当他(第43—44段)解释哲

---

① 另见第64段。

学家们怎么承诺概念反向投射谬论的时候，他似乎承认(iii)为真。他似乎论证说，因为儿童觉知一个事实上可归类为主观的(一个感觉)的事态，所以哲学家们谬论推断儿童觉知它为主观的。不过，因为我可能在这一点上错误解释了塞拉斯，所以我将最后说几句关于(iii)的蕴涵来告终。

我说我们假设的儿童使用"红的"来表达概念"看上去是红的"的原始形式，理由是(我引自我的原文第547页)"儿童仅在其中我们可以(像成人一样)真诚地说'现在之于我看上去是红的'的情境中说'红的'"。现在，当然，有一个重要方面，在这方面儿童的红的原初概念在逻辑上先于我们成人的"看上去"概念和我们成人的"是"概念两者。除非儿童可以辨认出他通过说"红的"来回应的事态，否则他不能习得我们成人的"看上去"概念或我们成人的"是"概念中的任何一个。在这个方面有一个完美的逻辑对称，我希望我没有说什么表明没有。但事实上儿童回应的事态是我们根据公认的主观性标准将其归类为主观的。比如它是一个(正当其实存时)由于儿童神经系统状况而实存的事态。如果我们使儿童发生某些生理学变化，那么恰当回应将不再是"红的"而是"绿的"。而如果儿童得到了我们成人的概念，那么他便可以真诚地说"看上去好像我正看到绿的什么"。因此这里对称破裂了。我们成人的语言(缺乏我们假设的儿童的"红的"的中立性)迫使我们，在以一个蕴涵主观性的方式包括像"感觉""经验""显象"和"看上去"一样的语词的语型，和断定一个不依靠儿童神经系统状况的事态实存的"是"语型，之间作出选择。如果儿童的信念是"表达判断"的一个例子，那么当刘易斯说表达判断是关于我们现时经验的判断时，他作了正确的选择，而非错误的选择。它们是关于我们现时经验的判断；在这方面确实可以说(不管这样说的目的是什么)在刘易斯关于意指和知识的理论中主观的先于客观的。

不过，我希望现在清楚的是(我和塞拉斯赞同)仅由此不推出儿童的信念，一般来讲，表达判断，是将什么归类为一个经验、为一个感觉、为主观的等的判断。假定这确实推出，就是犯下概念反向投射谬论。我不认为刘易斯犯下这个谬论。但不管怎样，如果刘易斯关于意指和知识的理论要以我建议的方式抵御这个指责，即我们的"看上去"概念对比依靠我们的"是"概念，那么必须明确拒绝这个谬论。

罗德里克·弗斯
哈佛大学

想知道黄去哪了

塞拉斯这里（就像在很多早先论文中一样）的问题可以粗略但生动地总结如下：似乎科学教给我们，万物皆是原子的某个集合，而且原子是没有颜色的。从而无物是有颜色的；从而无物是黄的。令人震惊！黄去哪了？塞拉斯多年来一直想知道黄去哪了，在一系列错综复杂的、耐心的、形而上学上大胆但论证上高明的论文中，以及在他的卡卢斯讲座第三讲中，我们可以看到学说的各缕编织成一股。其间塞拉斯探讨了多种多样可以想象的（对我有时不可想象的）方式来拒绝、修订或调整上述粗略表达的论证的前提。我们可以否认万物是原子的某个集合吗？可以，以几个不同的方式。我们可以断言无色原子的集合可以是有颜色的吗？可以，以几个不同的方式。塞拉斯综述了杂多种类的看法，除了一个全部消除，他尝试性地（而非令人吃惊地）提出它，因为它太过于形而上学："绝对过程的存在论"，其中包括绝对感觉过程，比如降 E 响和红着，它们根本不可分析为粒子对象的汇集行为。

因此塞拉斯会联合他称为的显见意象和科学意象，虽然我认为解决问题的最好方式是通过区分显见的和科学的意象，但我完全不受这个具体回答的诱导。虽然他的铰接立场是他形而上学设计师技能的丰碑，但在我看来太过了；似乎用药太猛了。虽然无疑我的存在论口味是平淡的，但并非我想象不到根据来放弃粒子存在论支持一个发生（*goings-on*）或存在方式（*ways-of-being*）之类的世界，而只是我看不到尝试提供一个关于颜色感知的冷静又合格的描述是一项可能会让我们钓到这么大一条鱼的事业。① 但或许这正是承认我缺乏想象力；或许塞拉斯的粉红冰块，和牛顿神话般的苹果一样，应该让我们突然醒悟去展开新的想象。

我不信。我认为需要就颜色感知作出描述和解释的(包括颜色感知的"现象学")全都可以依照原则分成各个全都可以被当前确立版本的科学意象以完全非革命的方式来处理的小块。没有剩余。那使我成为一个(塞拉斯通常指控低估了问题的)过于乐观的傻瓜。既然我赞同塞拉斯的大部分论据，那我们究竟在哪里分道扬镳了？

我们赞同在显见意象中找到的世界日常陈设在科学意象中由不同形状的原子等的聚群组成，这些原子聚群具有某些倾向特性：能在正常条件下对正常观察者形状的原子聚群的神经系统产生某些效果，能在正常条件下对爱克塔克罗姆 400 胶卷(形状的原子聚群等)产生某些其他效果，还能对彩色电视摄像机产生其他效果，等等。这样的能力无疑可在科学意象的前革命资源中捕获，但塞拉斯坚持这些特性不同于他关注的特性："当下粉红"这样的特性。我得承认，在大量接触塞拉斯的巧妙阐明之后，我还是有点困惑当下颜色特性到底是什么。它们不是纯粹能力或倾向，因此居于关闭的(从而黑暗的)冰箱中的一个粉红冰块不是当下粉红的。它(用塞拉斯的语言来讲)只是粉红的。那点是清楚的。假定某人打开门看见这粉红冰块；它的能力被释放：它对观看者的神经系统有它的各个效果，这使得那个神经系统的各个部分具有(各个分类的——倾向的、关系的、内在的……)各个特性，但神经系统各部分的这些特性中没有哪个是当下粉红。塞拉斯坚称，尽管如此，一个当下粉红体域开始在某处实存。然后，塞拉斯的任务是放稳那个前途未卜的粉红冰块——更确切地说，放稳它的当下粉红——以便当科学意象讲述了它

---

① 威廉·莱肯在《塞拉斯论感材与预测》(1979 年 5 月 10 日—11 日塞拉斯的感知哲学学术研讨会上的报告)中有力论证了这个断言。

用其当前的前革命的资源可以来讲述的最为完整的故事时，它遗漏了当下粉红。当下粉红既不是科学意象可以没有问题地归给方块的 H_2O 分子聚群的各个特性中的任何一个，也不是科学意象可以没有问题地归给神经系统形状的蛋白质、H_2O 分子、钠离子等的聚群的各个特性中的任何一个。我们也不能否认它的实存：

> 明显存在粉红体域。没有关于何物存在的清单可以有意指地否认那个事实。有问题的是它们在格局中的身份和功能。（第Ⅲ讲，第46段）

我想我得下定决心不赞同这个明显声明。明显的很少是明显的，而且这让我觉得是典型的一个可疑的明显断言。"明显存在粉红体域。"好，当然，在一个意义上。我可以拿那个具体的粉红冰体域，把它放回冰箱；在这个明显意义上，这粉红体域完全继续在黑暗中实存。这里"粉红"不意指"当下粉红"。当我们专注于"当下粉红"，存在粉红体域在（像我的心灵一样受理论偏见败坏的）我看来根本不明显。在我看来明显的是，人们经常认为存在、说存在、相信存在，甚至认为自己感知存在（非当下意义上的）粉红体域，但这些现象（据我理解）甚至在塞拉斯看来也不产生粉红体域。对于持有各个关于当下粉红的学说的人，塞拉斯有一个错综复杂的分类学，但他没有费心命名我例证的品种。我不信塞拉斯定义的当下粉红真的实存。

塞拉斯想要区分我们可能会称为的纯粹意向状态和我们可能会称为的感官状态。没有任何东西在任何地方是当下粉红的，相信某个什么是粉红的的状态也可以发生。另一方面，"一个粉红方块地感觉"的状态确实牵涉当下粉红的实存；没有任何信念，甚至没有任何觉知什么为粉红的，它也可以发生。塞拉斯感兴趣的就是后一类状态，但我的尝试——即试着弄清楚他认为这样的状态何时发生——产生了几个重要的未回答的问题。想一想以下存在当下粉红的候选时机：

（1）我主动有意地心怀假设，冰箱中有一个粉红冰块（当然，这不是仅仅在心里不出声地说的问题）。

（2）我将什么看作一个粉红冰块。

（3）我判断我在将什么看作一个粉红冰块。

现在，或许塞拉斯会断言，在(1)中我通常甚至总是会让我的心怀假设伴有一点"意象"，从而(?)使某个当下粉红存在。或者我错了，想象一个粉红冰块不是一个粉红方块地感觉的情况？（在我们考虑其他情况时这点是潜在关键。）再看(2)，我猜想，虽然（前文指出）塞拉斯坚称，没有任何看作粉红的（seeing-as-pink）或认定为粉红的（taking-as-pink），一个粉红方块地感觉也可以发生，但反之不成立：在(2)中，将什么看作粉红的确实要求当下粉红伴随。但那(3)呢？我不处于(2)描述的状态，就不能处于(3)描述的状态吗？塞拉斯对信念（以及判断？）的非感官的、纯粹概念的特征的态度，连同他对不可修改性断言的小心回避，表明他会坚持(2)为假时(3)可以为真（没有当下粉红）。

引入粉红地感觉及其同类的无可否认的吸引力是它回应我们的确信，即在纯粹相信是粉红的（merely believing-to-be-pink）和看作粉红的（seeing-as-pink）之间有一个明显不同。前者不是感官的，然而后者是。以某个方式必须承认这个事实；塞拉斯的方式是说什么真的是当下粉红的并就后者而言在那。但我认为这误读了促发这步的直观。在上述情况(1)中，你没发现相互抵触的直观吗？就感官性而言，思想一个粉红冰块是不是和看到一个一样重要？你的直观告诉你怎么区分(2)和(3)吗？如果我们承认在(2)中存在当下粉红，否认在(3)中一定存在，那么，因为我（作为现象学主体）不能分辨我是否只处于(3)描述的状态，所以我不能从我自己的经验分辨我的经验是否包含任何当下粉红！

这个问题并非只是理论家的人为两难；它在我们试着猜测塞拉斯就各个十分常见的情况会是什么立场时出现。假定我梦见粉红冰块。会牵涉当下粉红体域吗？或者假定我被催眠，并被告知我看到的下一个冰块将是粉红的。一个单色冰块显现，我敢肯定它是粉红的。现在，关于这样的催眠情况或许有两个经验上可区分的假设：(a)我被诱使将这方块看作粉红的，或者(b)我被诱使相信我将它看作粉红的。当然，还有这个可能，即我只不过被诱使说我将它看作粉红的，这(至少)在某个强大的心理学理论里面可以看似非常合理地区别于(a)和(b)，但凭什么来说服我们区分(a)和(b)呢？在我看来，不是"内省证据"，但或许可能会在某个"第三人称"的非内省的心理学理论里面发现好的根据支持作这区分。① 那保留了这个可能，即给出理由来支持一种粉红地感觉(即使带有塞拉斯会为它索要的极端存在论蕴涵)，但同时使问题(作为一个经验可能)远离明显的领地。

即使不换话题，也换换颜色，想一想下面真实的故事，它起初可能会看起来有利于塞拉斯的看法。一个黎明前的清晨，我在开阔的海洋掌舵杰瑞·福多的帆船，注意到尽管有足够的光可以看见，但我根本看不到颜色。福多从船舱出来，穿着他的亮黄色抵御恶劣天气的夹克。我知道它是亮黄的，但是，通过看它，甚至是细心专注地盯着它，我不能分辨我是在将它看作黄的还是只不过看到它并且相信它是黄的。我不能分辨它是不是之于我看起来是黄的！用塞拉斯的语言来讲，很可能，我不能分辨那是不是有当下的黄。现在我们可能会说，这个异常情况有助于阐明塞拉斯的观点：它明显不同于(在内省上或现象学上不同于)其中赏心悦目的当下的黄淹没我的感灵的正常情况。不过，这行不通，因为塞拉斯承认，没有任何我看作黄的，我的感灵也可以十分明亮地黄着，因此(据我所知)即使当我判断我不能分辨我是不是在将福多的夹克看作黄

---

① 例如，假定，尽管我在我说它是粉红的时通过了测谎仪测试(因此我这样说很可能真诚表达了我的信念)，但是我没有通过人们通常在他们将物看作粉红的时通过了的某个或某些分辨测试。需要一系列这样的结果以及一个解释它们的理论，来把看作粉红的(seeing-as-pink)和判断我们在看作粉红的(judging-one-is-seeing-as-pink)分开。

的,我的感灵也可能沉浸在了它的正常的、视觉产生的当下的黄中。或者,或许我的感灵黄着不要求直接视力来源。或许仅记忆力就可以使它进入它的黄着模式(就像它在想象回忆时一样——如果我这样假定是对的,即塞拉斯认为这个现象要求当下颜色)。那么,想知道是我在将它看作黄的还是只不过生动地回忆它为黄的,无论如何不会是想知道当下的黄是否显现。

但那当我想知道我是在将它看作黄的还是只不过回忆它是黄的时,我在寻思的是什么呢?我会说我在寻思我的信念状态——或我的当下认定——的原因论。它关于福多夹克颜色的部分是由记忆力和当前视觉处理的合作来多元确定的,还是记忆力单独引起的?那不是我可以直接回答的,但我可以实验探索——如果我不嫌麻烦把不知道或没记得颜色的对象放到甲板上供我仔细察看的话。碰巧的是,该更新我们的航位推算了,而到完成的时候阳光照耀,因此我们永远不会知道。①

总之,我没有看到塞拉斯有办法将他的粉红地或黄地感觉的情况硬塞进在相信这个或那个的状态和那些信念状态的直接原因论中的状态之间的空隙中。这些在先的状态,如果它们是塞拉斯的感觉状态的话,可能具有经验调查可能会发现的任何特性——(我认为)包括最终同质性(无论那是什么)——但如果是这样的话,那这将是一个迷人的根本不明显的发现,而非内省的结果。如果那些状态不是塞拉斯的感觉状态,那我是一个跟丢了猎物的人。

多年来,塞拉斯使我热衷于他的大部分看法,特别是他对人们作出的关于心理状态的断言——普通的人和更有自我意识的理论家的断言——的认识论身份的看法。因此我始终担心我对塞拉斯工作中的这个至爱主题执意充耳不闻。就像在福多夹克的情况中一样,我发觉自己

---

① 你可能想要复制这个实验。虽然在开阔海洋的一艘帆船上来做不是绝对必要的,却是有帮助的。如果你决定以这个纯粹方式来复制,那么我和福多准备好了帮助你。为科学作出任何牺牲。

想知道多元确定的奇妙。显然我有大量隐秘的理论动机不信塞拉斯为当下颜色的辩解,不过在我看来我也在将他的辩解看作缺乏根据的。我不能直接回答我不信的原因论是什么,因此我不确定是我自己的理论迷住了我,还是塞拉斯只不过困扰了我;不过,我愿意到此为止。①

丹尼尔·丹尼特
行为科学高级研究中心
斯坦福,加利福尼亚

---

① 本研究受到国家人文基金会基金、国家科学基金会(BNS 78-24671)、阿尔弗雷德·P. 斯隆基金会资助。

当我看一个番茄
有很多我看不到

休谟在论述古老实有学说的起源时作出以下评论：

……（在一个桃子或甜瓜中组合的）颜色、味道、体形、坚固性以及其他性质被设想为生成一物（由于它们紧密关系），它使它们以相同方式刺激思想，好像完全非复合的。但心灵不在这里停息。每当它从别的角度看这对象，它发现所有这些性质彼此是不同的、是可以区分的、是可以分开的（这样看物会破坏它最初的更自然的观念），责成想象力虚构一个未知的什么，或者原初实有和质料，作为这些性质联合或凝聚的原则，作为可以给这个复合对象一个称呼来称为一物（尽管它是多样的和组合的）的东西。[《人性论》（塞尔比-比格），第221页，补充了第二个强调。]

这段话告诉我们：(i)从别的角度（即以一个不同于我们最初的更自然的看对象的方式的方式）看一个对象是可能的；(ii)以这个新方式来看，对象显现一个与其正常显现的明显不同的显象，即它们的性质显象为分开的和松散的；(iii)这个别的看对象的方式（尽管既不是最初的也不是自然的）是哲学上特许的，因为这一段明显蕴涵这对象真的是一个不统一的性质堆积——仅此而已。因此普通人（即在我们的非反思时刻我们中的任何一个人）感染了一个假信念。休谟论证说，实有学说是在不安的心灵发现此假却想要以某个方式紧紧抓住它之前不加批判的信念——即相信有这对象的统一——时引入的哲学代替。

休谟没有谈论这个别的看对象的方式,似乎相信任何选择采纳它的人都可以持有这个立场。我宽容地——这是当前这个领域中紧缺的——认为我们可以看到他是什么意思。如果我们专注于我们经验的内容——专心于它——并且以某个方式搁置或加括号给所有依靠在先经验的关联,那么这对象会以一个新的不常见的形式显象。我将把以这个方式来看对象称为将其置于现象主义的注视下。我将谈谈这个看对象的方式,作为我评论塞拉斯卡卢斯讲座的开门红,因为(我认为)它与所予的原始观念(原初概念)大有关系。

对关于这个别的视角的谈论的一个回应是拒绝承认它实存。大致(且不是十分公正)地讲,这是 O.K.鲍斯玛对 G.E.摩尔的感觉材料分辨指南的回应。摩尔请他的读者看他自己的右手。然后(根据摩尔)他会分辨出什么,通常会假定其等同他实际上正看到它的那部分表面。注意,这已经是一次还原(即一次疏析)我们的日常感知经验,因为通常我们认为我们看到一只手,不只是一只手的部分表面。手的表面仍属于常识世界。但摩尔没有就此放心,他继续建议第二次还原:

> ……[他](稍经反思)还将能够看到未必它可以等同相关的他的手的部分表面。这类的东西……(就此他可以理解怎么一些哲学家该认为它是他正看到他的手的部分表面,而别的哲学家认为它不会是)是我说的感觉材料。①

鲍斯玛对摩尔的话信以为真,试着按照这些感觉材料分辨指南。他以一些在哲学传统中最滑稽可笑的文字告诉我们,他能够分辨出指关节、指

---

① G.E.摩尔:《为常识辩护》,载于 J.H.穆尔哈德编辑的《当代英国哲学》第二辑(New York: Macmillan, 1924),第 217 页。

尖、指甲以及(最后)一只橡胶手套,但没有什么符合摩尔对感觉材料的描述。

> 如果我分辨出指关节,那么我一点也没有怀疑它们是我的手的表面;指尖、指甲等也是如此。①

鲍斯玛是对的,当我看我的手时我没有这样的怀疑。② 但摩尔没有提及有怀疑,那是鲍斯玛有偏见的表述方式。虽然摩尔说什么是可疑的,但是他的阐明表明他关注怀疑的可能性,而非现实的(有)怀疑。我看我的手,我意识到据我所见可能它不是我正看到的一只手(或一只手的表面)。然而,那有具有某一显象的什么,而且不受到同种怀疑。如果我看这对象并且(像哲学家们有时那样)反思这些问题,那么应该能够分辨出摩尔称为的感觉材料。

现在很难有机会让人同情地倾听这样一个立场,因为它似乎基于一个明显的模态谬论,即我对 A 有某种怀疑;我对 B 没有这样的怀疑;因此 A 不等同 B。但在我看来,摩尔没有这样的谬论推论,因为(事实上)他根本不是在陈述一个论证。相反,他是在给出指南并作出预言。在看一个对象的时候将你自己置于某一心境,你会辨识什么。你会辨识的这个什么我们会称为感觉材料。

当事情是这样时,我们被不可阻挡地逼到了哲学的分享和讲述。如果我们综述哲学史(尤其是一直到最近的现代哲学),那么信仰各异的哲学家们似乎惊人地赞同类似摩尔称为的感觉材料在我们采纳他建议的认知中立的立场时变明晰了。当然,关于感材的性质可以有分歧:它们可能是休谟认为的那样单薄松散,或者詹姆斯认为的那样稳健成簇。同

---

① O. K. 鲍斯玛:《哲学文集》(Lincoln, NE: University of Nebraska Press, 1965),第 3 页。
② 但如果你足够长时间地看,这类事情确实发生,正如一个语词在徒劳反复地说时似乎失去了意义。

样，赋予它们的角色可以非常不同。它们可以像很多经验主义者认为的那样用作知识的最终基础，或者它们可能只不过是要在一个黑格尔式辩证中超越的笨拙起点。它们可能被视为副现象的。但不管它们的性质特征是什么，也不管它被拿来做什么，似乎几乎普遍赞同感觉材料、可感物、感觉内容——不管怎么称呼它们——作为我们经验的一个方面实存。

我来试试用我尽量中立的语言抓住这个感材承诺的效力。这似乎是一个事实——一个关于经验的事实——即，有可能对经验采取一个态度，使得我们倾向于说——倾向于真诚地告白——某个什么现实展示了某一特征，即使我们不愿意说——或许是愿意否认——是一个物理对象在展示这个特征。比如，当我看缪勒图时，我倾向于说某个什么例示两条不同长度的线，即使我（测量了它们）知道我在看的线具有相同的长度。完全有可能当我们更进一步我们的探究，我们会决定这些真诚的告白是"失败尝试"说其实应该以别的方式来说的。[或许它们是失败尝试说根本不能说的——尝试说不可说的（塞拉斯曾经这样表述）。]但尽管如此，我想建议哲学探究的某一阶段承诺感材是完全自然的。它是反思转向的首批产物之一。① 换言之，我现在认为似乎完全不可以假定感材（以及类似实体）学说的长期吸引力源于坏推理（例如感觉材料谬论）或某个先前哲学要求（例如需要经验知识的基础）。我倾向于以相反的方式来看待这关系。就是因为感材观念的先前经验基础，哲学家们才能够为他们欣然接受看起来明显不好的论证。（我认为我们最好将通常的感材实存"证明"——从错觉、视角、因果条件等的论证——根本不视为证明，而是解释模式，其表明这样的实体怎么会理解和符合其他关于日常生活和科学的事实。它们能多么顺利地执行这项任务是另一个问题。）同样，我认为似乎不可以将感材视为试图得到经验知识基础的人的纯粹

---

① 对抽象实体的承诺（我相信）以一个相似方式产生。

理智假定。虽然对这样一个基础的渴望是真的够了，但感材是为此指派的，不是创造的。

塞拉斯哲学计划的重要特征之一，是他没有通过仅仅把感材当作坏推理或不正当渴望的产物摒弃来简捷处理感知问题。出于这个理由，他的担心可能在我们更先进的思想家（他们轻易自信地写道这些问题毕竟被超越了）看来过时了。当然，先重视这些问题，再了解塞拉斯之于它们的答案。

*　*　*

感材（及其同类）在两个哲学分支（认识论和形而上学）中扮演一个重要角色，但它们以对立的方式出现：它们被调用来解决认识论中的问题，然而它们却给形而上学提出了问题。感材被调用作终端，有时是为我们判断的内容，有时是为它们的担保，而有时（就像休谟认为的）是为信念的原初来源。感材升级为这个呼声：阻止那个倒退（BLOCK THAT REGRESS）。感材就它们导致一种本身被认为有问题的存在论二元论而言令形而上学陷入尴尬。这里塞拉斯提到感身问题。当然，这只是心身问题的一种，但（塞拉斯认为）它是这个问题的一个极其相左的形式。我将主要就塞拉斯对有关感材的认识论问题的处理，即他第一讲"阿基米德的杠杆"的主题，发表我的评论。我说的其中一些可能与第三讲"意识是物理的吗？"有关。我对中间一讲没有什么补充（或删减）。

在传统上，所予和判断作为经验、信念、知识中的两个基本要素彼此相对。用康德式语言来讲，所予源于直观的官能，而不是判断的官能。所予为判断提供它的非逻辑内容，并以某个方式用来限制正确判断的范围。我将把所予（当它以经验直观的形式出现时）称为感材。我赞同我们也可能得到纯粹直观（例如，关于先天时空结构的觉知，或许是关于同一可确定项的两个确定项的先天不相容性的觉知），但我将只讨论经验直观，即感材。

关于经验知识的两个基本问题，第一个是感材怎么会为判断提供非逻辑内容，第二个是它们怎么会限制经验判断的可接受性。塞拉斯大量论述了经验在概念生成中的角色，但在我们正考察的讲座中很少，因此我将不谈这个话题。但他确实相当详尽地谈论了一个确实可以考虑的相关的概念问题。抨击整个感材观的标准方式之一是质疑用来表述相关陈述的语言的恰当性。下述这类的语句被提议来指称一个感材：(i)"Red here now."或(略微)更符合语言习惯的，(ii)"在我看来，什么当前之于我看起来是红的。"有两个主要方式来质疑这样的"谈论"感材的努力的恰当性。首先有奥斯汀式招数，说这样的陈述完全不适合大多数日常感知情境。这样说明显在我们眼前的一头猪肯定会是古怪的——语言的误用——即，当前在我看来，什么看起来是一头猪。当然，不管怎样这就是一个滑稽可笑的讲话方式，但奥斯汀认为在这些情境中这样说也会是古怪的——语言的误用——即(更符合语言习惯的)"那看起来是一头猪"。因此，如果(在给定语境中)可以说 A 是 B，但不可以说 A 看起来是 B，那么 A 看起来是 B 不能用来分析断言 A 是 B。同样，还是当不可以说 A 看起来是 B，而确实可以说它是 B 时，事实 A 看起来是 B 不能援引来证明它是 B。格莱斯对这个论证路线的答复众所周知，现在被普遍接受。相关的古怪性给了言说动作情况的语用学。尽管这样说可能非常古怪，即什么(当任何头上长眼的人都可以看到它是一头猪时)看起来是一头猪，但是所说的话在语义上尚可(即有意指)并且为真(就像对这情况的描述一样)。

　　第二个反感材语言论证要深得多。论证(简要地讲)是这样的：表达式"……是红的"和"……看起来是红的"系统关系，尤其是它们是对比的一对，因此试着用一个来分析另一个只能陷入循环。这个论证被用来针对尝试用感官陈述来分析经验陈述，但它也被认为指摘断言感官陈述在认识论上先于经验陈述。我不清楚怎么从第一个推出这第二个结果，但不管怎样，弗斯给出了一个回应，似乎避开了这论证第一个(更重要的)部分的锋芒。我们可以赞同表达式"……是红的"和"……看上去是红的"在成人共同体的语言——西尼尔（*Senior*）讲的语言——中系统关系,使得非循环地用一个来分析另一个是不可能的。但弗斯请我们想一想这个可能性,即存在一个更原始的概念,儿童——我们将效仿塞拉斯称他为朱尼尔（Junior）——可能会在他习得带有其对比表达式"……是红的"和"……看上去是红的"的完全成人语汇之前拥有它。西尼尔观察到朱尼尔趋向于称物红的（不管它们是红的还是仅仅看上去是红的）,可能由此评论说朱尼尔弄混了真的是红的物和只不过看上去是红的的物。当然,那是从我们的视角来描述朱尼尔的概念执行。别的描述该情况的方式是说朱尼尔掌管一个概念,唯一一个与我们自己的不同或许比我们自己的原始。的确,一旦这样建议,似乎就可以认为我们自己的"……是红的"和"……看起来是红的"的概念是以某个方式从这个更原始的(原初)概念的沉淀。这样承认就失去了一个至爱的反感材语言论证。感材语言不源于错误使用成人的感官语言;它是试着复原成人概念体系基于的一个更原始的概念和经验特征。

现在,塞拉斯在他第一讲中的策略是让步弗斯这一点,然后在一个相当简单明了的意义上承认所予实存。然后他试着表明这个让步没有迫使对他哲学计划的主要特征作任何基本修订。尤其是,他论证说它不会驱除这个他在别处详尽论证了的观念,即(对于显见世界)物理对象的存在论是首要的。如果承认我们可以领会与被称为的感官所予相对应的什么,那么不由此推出一个新的存在论范畴向我们显示。塞拉斯这样来表述:

> 我们,作为现象学家,可以以全新的方式来给一个红面域的概念加括号,其中抽离了所有涉及它是物理的什么的概念的蕴涵。但我们没有通过这样抽离而获得一个属于一个更基本的确定范畴的红的概念——我们仅仅抽离它具有的这样的确定范畴身份,将它只是理解为一个具有某个确定范畴身份的殊相。（第Ⅰ讲,第84段）

这个思想,即一个对象的范畴身份得用其领会来所予或一个对象得具有它看起来像是具有的范畴身份,牵涉塞拉斯称为的所予神话。(注意,所予神话不是存在所予这样一个东西的神话。)

我完全赞同塞拉斯在作的这个核心断言,有趣的是 C. I. 刘易斯似乎也赞同。

> 这里说"所予"的意思的实质是它应该所予。我们不必说所予的在明确意义上是"心理状态"甚至"在心灵中",也不必说它本身隐含在这样的所予性之中。也不该假定这样在心灵中的是专属心理的……所有这样的问题仅仅是后来问题。①

所予的存在论身份及其可能牵涉的任何形而上学问题都是后来问题,我认为刘易斯这是在指出它们不能仅仅通过内省所予来解决。其实,我听说刘易斯曾经告诉他的学生所予的真正所予性不所予,而且他确实明确说所予是"……一个切除要素或者抽象概念……"(*MWO*,第 66 页)。所予的概念源自对经验结构的理论反思,尤其是对经验和知识之间关系的反思。它不是哲学偷窥狂可以直接窥见的。

即使塞拉斯和刘易斯赞同关于所予的这一点——即它的存在论身份不牵涉或不来自它的所予——还有别的方面他们至少看起来不赞同:这与所予的现象学特征有关。在我看来,有两个全然不同的方式来刻画经验所予。第一个把所予(至少临时地)描述为一个感官殊相。比如古典感觉材料论者至爱的例子是一个确定形状的色斑——例如一个微红的椭圆。一个感觉材料因此是一个对象,不过或许是一个减弱的对象。第二条进路在康德那找到,被刘易斯相当细心地阐明。这里所予是经验

---

① C. I. 刘易斯:《心灵与世界次序》[New York: Charles Scribner's Sons, 1929 (reprinted New York: Dover Publications, 1956)],第 65 页。此后引作 *MWO*。

的一个维度——任何经验对象的一个方面。它不自显为一个经验中的孤立(或可孤立)项。它——自己——绝非一个经验的对象或一个经验中的对象。

　　我引自摩尔的段落例示第一条进路,因为显然他是在指导怎么分辨出一个有特性的殊相。就像我指出的那样,康德很可能而刘易斯很确定例示第二条进路。但我不清楚塞拉斯怎么看这个问题。一方面,他细心周密地提醒他的读者,他在以一个足够宽泛的方式使用感材观念来涵盖各种各样的有关其本性的理论。对立的感官所予理论得根据定义来驳斥,而非排除。而且,塞拉斯公开反对这个标准刻画,即感觉材料只是二维的。① 感材可以自显为三维颜料体域。同时,塞拉斯的立场确实看起来比在康德和刘易斯那找到的那类立场更靠近感觉材料立场。虽然他似乎持有一种厚重感觉材料论,然而还是一种感觉材料论。这从他使用的例子——更重要的是,从他阐明的核心观点之一,即我们可以通过尽可能给使物理对象成为物理的的范畴特征加括号来得到感官所予的想法——中显示出来。似乎他在说这留给我们一个对象,一个感官殊相,其存在论身份尚未确定。我认为刘易斯这里会说(就像他说布罗德一样)这个分析"……没能足够深入……"(*MWO*,第 62 页)因为它仍留给我们一个对象,它(根本不等同所予)有所予作为它的一个方面或维度。

　　我认为得问塞拉斯怎么看这个问题,因为重要的认识论问题取决于此。对他至少明显持有的立场的控诉,是当所予在被解释时他的所予候选者已经是一个对象了。但将所予视为一个不及一个对象的不可说的什么的人还有一个担心。所予等本该限制被证成的经验判断,然而这样一个经验中的没有阐明也不可阐明的要素怎么可以这样,似乎是一个谜。即使承认所有这些困难,也至少似乎可以先认为关于一个感材的特征的觉知(例如它是微粉红的、方块一样的、冷的)可以与断言一个给定

---

① 古典感觉材料论者似乎用心灵视网膜上的意象来取代心灵眼前的对象。

对象是一个粉红冰块有某个关系。(如果塞拉斯建议关于所予的原初理解已经表达信念并因此已经部分地是概念的了,这个立场就变得似乎更可以了。)另一方面,我搞不懂经验内容怎么会在康德式立场中扮演一个限制角色。① 但同样,知道塞拉斯怎么看这些问题会是有帮助的。用弗斯的术语来讲,他是一个感材论者,还是一个被感知项论者——还是别的什么?

* * *

听说某些自称现象学家的哲学家评论说,当他们感知一个番茄,他们觉知一整个番茄,包括它的外面和它的里面,它的前面和它的后面。然而当受到检验,他们没有比别人更好地预言面向地面的一面是红的还是绿的或者里面有没有成熟。当这被指出,这些哲学家常常退回到一个立场,其作为非反思常识之事没有人会否认,即在看一个番茄时我们觉知什么为兼有一个背面和一个里面。那就是说,我在将一个对象看作一个番茄时将什么看作一个真正的三维对象。而且,这个看到让我们觉得是直接的,不是我作出的任何推论的结果。

但即使承认这些点,这依然是一个事实,即在看一个对象时我们与在日常意义上我们看到的对象的各部分处于一种特殊关系。当然,不可以说我们看到的总是(且只是)一个向面表面,因为这不适用气泡(摩尔的例子)或粉红冰块(塞拉斯的例子)。即使以不透明的对象,说我们真的看到的是向面表面的特征也有点怪。指南"看这个番茄"和"看这个番茄的表面"使我们以截然不同的方式考察这番茄。我认为,这表明的是哲学家们常常以不反映其特殊意指的方式来使用日常概念。但我看不到怎么这些对哲学家拙劣使用日常语言的习性的反思有任何趋向去推翻两个明显事实:当我看一个番茄时有很多我看不到,我能看到的与我相信这番茄的什么有重要关系。

---

① 在康德认识论中最深层的问题并非先天综合判断如何可能,而是后天综合判断如何可能。

一个在哲学中持续的思想是，通过将这对象置于我称为的现象主义的注视下，我们可以在一定程度上了解在这个看到和相信之间的关系。当然，当以这个还原的方式来看时物呈现奇特的一面。这棵让我觉得是绿的的树现在看来是一个黑、银、绿斑的杂合——黑的是影子、银的是反光。当然，我不相信这棵树真的是黑的或银的，我确实相信它真的是绿的。这表明，在现象主义的注视下看对象和以一个自然方式看它们（连同生成关于它们的意见）之间的关系是复杂的。尽管如此，这关系不是完全任意的。我觉知什么为是绿的，而且我认为我的常识信念，即相信一棵树是绿的，以某个很强的方式联系这个事实。用感觉材料论的语言来讲，通过在看一棵树时采用某一视角，我会觉知一个绿的感材。这个绿的感材以某个重要的方式联系我看到一棵树是绿的并因此（在正常情况下）相信它是绿的。这个使用感觉材料语言的表达方式可能完全错了，但我认为我们可以期待讨论的事实在任何合格感知理论中的某种解释。

在他的第一讲快结束时，塞拉斯简述了两个方式可能会确立（同样在宽泛意义上认为的）感材和感知信念之间的关系。第一个取决于直接领会或面对的观念。它以它的一个典型形式欣然接受一条下述这样的原则：

> 直接领会是一个独特认知动作，比任何相信（不管多有担保）都更基本。直接领会是信念的认识权威的根源。（第Ⅰ讲，第133段）

塞拉斯指出，这个立场的困难是领会动作和相关联的对象截然不同，不容易看到它们会怎么以必要的内在方式关联起来。第二条进路由于认为感知领会从一开始就牵涉信念而避开了这个困难（同时解释了我们的感知对象所谓的无缝性）。塞拉斯问，"但直接领会的概念会不会仅仅是面对被相信事态的真信念的概念？"（第Ⅰ讲，第131段）当然，直接领会牵涉的面对得是正确的那种——在面对的和相信的之间得有某种内在关系，但塞拉斯——通过使直接领会本身成为一个信念问题并因此（至少部分地)成为一个认知态度——还是没有先拉开一个(哲学史表明)被证明不可能缩小的差距。

我将最后评论这部分文本让我觉得困惑的一个特征。塞拉斯的迫切问题是提出一个理论,它表明感知和信念之间的关系,然后(衍生地)解释感知对象表面上的无缝性。不过,有时候塞拉斯也谈及被证成的信念和有担保的信念。当我读这论述,我发现难以看到从信念到被证成的或有担保的信念是怎么转变的。我来试着再次参照休谟来阐明我的观点。在《人类理解研究》中,休谟区分了在哲学或科学探究之前的怀疑论和在其之后的怀疑论。他通过先前怀疑论想到笛卡尔式(方法论的)怀疑论,他说(就像皮尔士和维特根斯坦后来所说)它一旦达到就完全无可救药。第二类怀疑论源于我们对我们信念的来源和机制的探究。当我们去理解这些机制,它们让我们觉得是任意的,我们看不到有何理由来假定以这些方式产生的信念应该具有任何不管什么程度的证成或担保。当然,我们的探究也可能向我们表明,当我们悬置这些探究回到自然模式,我们会相信一些事情而非其他,并假定某些信念比其他信念有更好的担保。不过,在某一意义上,我们会知道这些共同信念是幻想。然后我们可以说某些信念理论具有(至少是理论上的)皮浪主义后果。我想要问塞拉斯的立场是否具有这样的后果。

当然,避开怀疑论似乎是现代知识论的成功条件之一。刘易斯这样来表述:

> 我认为怀疑论比不尽如人意更糟糕;我认为坚持或暗示任何经验判断都同样的好——因为都没有担保——是无意义的。一个暗示或允许那个后果的理论并非一个对什么的解释,而只不过是一次理智失败。[1]

---

[1]《经验知识中的所予要素》,《哲学评论》,第 61 卷,第 2 期(1952),第 175 页。

当然，怀疑论者不会否认某些经验判断看起来比其他的更有担保，但他想要问是否一些真的比其他的更有担保。在刘易斯看来，这个担保得再栓在他称为的表达判断的绝对担保上。一个较弱的（在我看来似乎更合理的）立场是，这样的表达判断具有高度担保，其（以某个方式）在一定程度上传递给基于它们的经验判断。

现在，在阅读塞拉斯时，我不清楚他对感知和感知信念的描述有没有皮浪主义后果。换言之，我不知道它是否导向刘易斯当作一种恐慌提出来的"理智失败"。从文本可以看出，他不持有一个关于自带担保的不可修改的感官判断的学说。这会违背他始终支持的反基础主义。因此他至多可以持有类似上述提及的较弱立场：我们的基本感知判断得带有至少某一程度的担保，它们可以将其（在某个程度上）传递给基于它们的经验判断。现在，塞拉斯在给出他自己对自显事态的描述时确实谈及担保：

> 一个自显事态，它是这样，从而如果相关的人在相关的时间要相信它实存，那么这信念就是有非推论担保的或者是自我担保的。（第 I 讲，第 138 段）

稍后他对此作了评论，说：

> 这个描述的独特特征是，一个事态的自显（至少部分地）用这信念——即相信它实存——的"明晰性"或"有担保"定义。（第 I 讲，第 140 段）

我的首要困难是，我不知道是否塞拉斯意指这种担保，即其援引用作一个基础来区分日常经验判断的担保程度，而如果这确实是他的意思，那么我不清楚它怎么奏效。他谈及的明晰性似乎给了这信念，即相信一个自显事态实存。在我看来,它没给那个状态的具体内容。总之,我不知道塞拉斯对感知判断的描述是否有皮浪主义后果,即所有我们的经验判断之于一个客观担保是难以区分的。如果它没有这个后果,那么我不清楚为什么没有。如果它确实有这个后果,那么我不知道它是否被欣然接受。

罗伯特·J.弗格林

耶鲁大学

实用主义与美国思想文化研究

丛书主编：刘放桐　陈亚军

《杜威哲学的现代意义》

　　　　　　　　　　刘放桐　主编，复旦大学出版社，2017年1月

《匹兹堡问学录——围绕〈使之清晰〉与布兰顿的对谈》

　　　　　　　陈亚军　访谈　周　靖　整理，复旦大学出版社，2017年1月

《实用主义的研究历程》

　　　　　　　　　　刘放桐　著，复旦大学出版社，2018年3月

《匹兹堡学派研究——塞拉斯、麦克道威尔、布兰顿》

　　　　　　　　　　孙　宁　著，复旦大学出版社，2018年8月

《真理论层面下的杜威实用主义》

　　　　　　　　　　马　荣　著，复旦大学出版社，2018年8月

《"世界"的失落与重拾——一个分析实用主义的探讨》

　　　　　　　　　　周　靖　著，复旦大学出版社，2019年7月

《后现代政治话语——新实用主义与后马克思主义》

　　　　　　　　　　董山民　著，复旦大学出版社，2019年8月

《罗伊斯的绝对实用主义》

　　　　　　　　　　杨兴凤　著，复旦大学出版社，2019年9月

实用主义与美国思想文化译丛
丛书主编：陈亚军

《三重绳索：心灵、身体与世界》
　　　　希拉里·普特南　著，孙　宁　译，复旦大学出版社，2017年1月

《经验主义与心灵哲学》
　　　　威尔弗里德·塞拉斯　著，王　玮　译，复旦大学出版社，2017年1月

《将世界纳入视野：论康德、黑格尔和塞拉斯》
　　　　约翰·麦克道威尔　著，孙　宁　译，复旦大学出版社，2018年8月

《自然主义与存在论：1974年约翰·杜威讲座》
　　　　威尔弗里德·塞拉斯　著，王　玮　译，复旦大学出版社，2019年9月

《阐明理由：推论主义导论》
　　　　罗伯特·B.布兰顿　著，陈亚军　译，复旦大学出版社，2020年2月

《推理及万物逻辑：皮尔士1898年剑桥讲坛系列演讲》
　　查尔斯·桑德斯·皮尔士　著，张留华　译，复旦大学出版社，2020年5月

《纯粹过程形而上学奠基》
　　　　威尔弗里德·塞拉斯　著，王　玮　译，复旦大学出版社，2022年3月

复旦社
微信公众号

未曾读
微信公众号

图书在版编目(CIP)数据

纯粹过程形而上学奠基/(美)威尔弗里德·塞拉斯著;王玮译. —上海:复旦大学出版社,2022.3
(实用主义与美国思想文化译丛/陈亚军主编)
书名原文:Foundations for a Metaphysics of Pure Process,The Carus Lectures for 1977-78
ISBN 978-7-309-15984-4

Ⅰ.①纯… Ⅱ.①威…②王… Ⅲ.①形而上学-文集 Ⅳ.①B081.1-53

中国版本图书馆 CIP 数据核字(2021)第 229928 号

纯粹过程形而上学奠基
(美)威尔弗里德·塞拉斯 著 王 玮 译
责任编辑/方尚芩

复旦大学出版社有限公司出版发行
上海市国权路 579 号 邮编:200433
网址: fupnet@fudanpress.com http://www.fudanpress.com
门市零售: 86-21-65102580 团体订购: 86-21-65104505
出版部电话: 86-21-65642845
上海四维数字图文有限公司

开本 787×960 1/16 印张 7.75 字数 100 千
2022 年 3 月第 1 版第 1 次印刷

ISBN 978-7-309-15984-4/B·751
定价:35.00 元

如有印装质量问题,请向复旦大学出版社有限公司出版部调换。
版权所有 侵权必究

Foundations for a Metaphysics of Pure Process, *The Monist*, Volume 64, Issue 1, 1 January 1981
Copyright © Oxford University Press, 2014

The Lever of Archimedes, Wilfrid Sellars
Pages 3-36, https://doi.org/10.5840/monist19816412
Naturalism and Process, Wilfrid Sellars
Pages 37-65, https://doi.org/10.5840/monist19816416
Is Consciousness Physical? Wilfrid Sellars
Pages 66-90, https://doi.org/10.5840/monist19816415
Reply To Sellars, Roderick Firth
Pages 91-101, https://doi.org/10.5840/monist19816414
Wondering Where the Yellow Went, Daniel Dennett
Pages 102-108, https://doi.org/10.5840/monist19816413
When i Look at a Tomato There is Much i Cannot See, Robert J. Fogelin
Pages 109-123, https://doi.org/10.5840/monist198164110

Translated and reproduced by permission of Oxford University Press on behalf of the Hegeler Institute. OUP and the Hegeler Institute are not responsible or in any way liable for the accuracy of the translation. Fudan University Press Co., Ltd. is solely responsible for the translation in this publication/reprint.
本书中文简体翻译版授权由复旦大学出版社出版并限在中国大陆地区销售。未经出版者书面许可，不得以任何方式复制或发行本书的任何部分。
Chinese simplified translation rights © 2022 by Fudan University Press Co., Ltd.
All rights reserved.
上海市版权局著作权合同登记号：图字 09-2022-0167